A HANDBOOK OF RUSSIAN VERB MORPHOLOGY

"Inside CIA's Private World"
1995 - Yale University Press

Russian Language books by Galena McLaws:

An Overview of Russian Cases

0-941051-33-1 • pb • 104pp

Integrated Russian Grammar Learning Modules

Modules: I-III • 0-941051-16-1 • pb • 96pp
Modules IV-VI • 0-941051-49-8 • pb • 96pp
Modules: VII-IX • 0-941051-20-X • pb • 96pp
Modules X-XII • 0-941051-36-6 • pb • 96pp
Modules: XIII-XV• 0-941051-23-4 • pb • 96pp

Handbook of Russian Verb Morphology Revised

0-941051-26-9 • pb • 72pp

Handbook of Russian Verbal Prefixes

G. McLaws, E. Andrews, A.Rogers
0-941051-13-7 • pb • 96pp

A HANDBOOK OF RUSSIAN VERB MORPHOLOGY

GALINA MCLAWS

A FOCUS TEXT

Printed in United States of America

Distributed in England by
Gerald Duckworth and Company Ltd
The Old Piano Factory
48 Hoxton Square
London NI 6PB

ISBN 0-941051-26-9

This book is published by Focus Information Group, Inc., PO Box 369, Newburyport MA 01950.

**This work is dedicated to Jerzy Kolodziej,
a friend and a mentor**

A Handbook of Russian Verb Morphology is a reference work with exercises to help students assimilate both the structure and meaning of the Russian verb. The book is divided into two parts, which in turn are subdivided into smaller units. Part I deals with conjugation and has an additional section on verbal adjectives and adverbs. Part II of the book deals with so-called "reflexive" verbs, concentrating mainly on their lexical meaning.

In Part I verbs are grouped by infinitives with similar conjugational patterns starting with the Second conjugation since it has only three subgroups; the First conjugation, which follows, has eleven. The third subgroup consists of only eight irregular verbs of mixed conjugation. The next section is the Glossary, which, in addition to English equivalents, gives aspectual pairs. The last section of Part I consists of exercises and a unit on verbal adjectives and adverbs.

Part II of the *Handbook* deals with verbs with the postfix **-ся/-сь** and the passive construction in general. The verbs are grouped according to their lexical meaning followed by relevant exercises. A Glossary in English is provided at the end. It gives Russian equivalents of all the verbs presented in Part I and Part II in the *Handbook*.

The following order is observed:

- Part I
  - Verb conjugation
  - Glossary
  - Exercises
  - Verbal adjectives and adverbs
- Part II
  - Verbs with the postfix **-ся/-сь** and exercises
  - Glossary

Часть I-ая

Спряже́ние глаго́лов

Второ́е спряже́ние

1. -ать/-ять

1.

ворча́ть	ворчу́	ворчи́шь	ворча́т	ворча́л	ворчи́	grumble, nag
дрожа́ть	дрожу́	дрожи́шь	дрожа́т	дрожа́л	дрожи́	shake, tremble
звуча́ть	звучу́	звучи́шь	звуча́т	звуча́л	звучи́	sound
крича́ть	кричу́	кричи́шь	крича́т	крича́л	кричи́	shout, yell
лежа́ть	лежу́	лежи́шь	лежа́т	лежа́л	лежи́	be lying
молча́ть	молчу́	молчи́шь	молча́т	молча́л	молчи́	be silent
мчаться	мчусь	мчишься	мчатся	мчался	мчись	rush
слы́шать	слы́шу	слы́шишь	слы́шат	слы́шал	(послу́шай)	hear
стуча́ть	стучу́	стучи́шь	стуча́т	стуча́л	стучи́	knock, bang
держа́ть	держу́	де́ржишь	де́ржат	держа́л	держи́	hold
дыша́ть	дышу́	ды́шишь	ды́шат	дыша́л	дыши́	breathe

2.

боя́ться	бою́сь	бои́шься	боя́тся	боя́лся	бо́йся	fear, be afraid
стоя́ть	стою́	стои́шь	стоя́т	стоя́л	стой	stand

3.

спать	сплю	спишь	спят	спал/-а́	спи	sleep
гнать	гоню́	го́нишь	го́нят	гнал/-а́	гони́	chase

2. -еть

1.

веле́ть	велю́	вели́шь	веля́т	веле́л	вели́	order, command
горе́ть	горю́	гори́шь	горя́т	горе́л	гори́	be burning
смотре́ть	смотрю́	смо́тришь	смо́трят	смотре́л	смотри́	look

2.

(п>пл)						
терпе́ть	терплю́	те́рпишь	те́рпят	терпе́л	терпи́	endure, stand
(б>бл)						
скорбе́ть	скорблю́	скорби́шь	скорбя́т	скорбе́л	скорби́	grieve
(м>мл)						
шуме́ть	шумлю́	шуми́шь	шумя́т	шуме́л	шуми́	make noise
(т>ч)						
верте́ть	верчу́	ве́ртишь	ве́ртят	верте́л	верти́	twirl
лете́ть	лечу́	лети́шь	летя́т	лете́л	лети́	fly
(д>ж)						
ви́деть	ви́жу	ви́дишь	ви́дят	ви́дел	(смотри́)	see
оби́деть[1]	оби́жу	оби́дишь	оби́дят	оби́дел	оби́дь	offend
сиде́ть	сижу́	сиди́шь	сидя́т	сиде́л	сиди́	be sitting
(с>ш)						
висе́ть	вишу́	виси́шь	вися́т	висе́л	виси́	be hanging
зави́сеть	зави́шу	зави́сишь	зави́сят	зави́сел	зави́сь	depend (on)
(ст>щ)						
блесте́ть	блещу́	блести́шь	блестя́т	блесте́л	блести́	glitter, shine

---

[1] The perfective verbs are underlined.

3. -ить

1.					
вини́ть	виню́	вини́шь	вини́л	вини́	blame, accuse
кури́ть	курю́	ку́ришь		кури́	smoke
кле́ить	кле́ю	кле́ишь		клей	glue
стро́ить	стро́ю	стро́ишь		строй	build
2.					
дои́ть	дою́	до́ишь	дои́л	дои́	milk
крои́ть	крою́	крои́шь		крои́	cut out (dress)
пои́ть	пою́	по́ишь		пои́	give a drink
таи́ть	таю́	таи́шь		таи́	conceal, hide (emotions)
3.					
(п>пл)					
купи́ть	куплю́	ку́пишь	купи́л	купи́	buy
копи́ть	коплю́	ко́пишь		копи́	amass, save
(б>бл)					
люби́ть	люблю́	лю́бишь		люби́	love
(ф>фл)					
графи́ть	графлю́	графи́шь		графи́	rule (paper),
(в>вл)					
лови́ть	ловлю́	ло́вишь		лови́	catch
(м>мл)					
знако́мить	знако́млю	знако́мишь		знако́мь	introduce
корми́ть	кормлю́	ко́рмишь		корми́	feed
(т>ч)					
встре́тить	встре́чу	встре́тишь		встре́ть	meet, encounter
плати́ть	плачу́	пла́тишь		плати́	pay
(т>щ)					
освети́ть	освещу́	освети́шь		освети́	illuminate
запрети́ть	запрещу́	запрети́шь		запрети́	forbid
(д>ж)					
буди́ть	бужу́	бу́дишь		буди́	wake
ходи́ть	хожу́	хо́дишь		ходи́	walk
возбуди́ть	возбужу́	возбуди́шь		возбуди́	excite, arouse
освободи́ть	освобожу́	освободи́шь		освободи́	liberate
прегради́ть	прегражу́	прегради́шь		прегради́	block, obstruct
(с>ш)					
кра́сить	кра́шу	кра́сишь		крась	paint
проси́ть	прошу́	про́сишь		проси́	ask
(з>ж)					
вози́ть	вожу́	во́зишь		вози́	transport, cart
изобрази́ть	изображу́	изобрази́шь		изобрази́	depict
отпусти́ть	отпущу́	отпу́стишь		отпусти́	let go, release
чи́стить	чи́щу	чи́стишь		чи́сти	polish, peel, clean
(зд>зж)					
е́здить	е́зжу	е́здишь		е́зди	ride

Пе́рвое спряже́ние

1. -ать

1.

броса́ть	броса́ю	броса́ешь	броса́л	броса́й	throw
встреча́ть	встреча́ю	встреча́ешь		встреча́й	meet, encounter
здоро́ваться	здоро́ваюсь	здоро́ваешься		здоро́вайся	greet
копа́ть	копа́ю	копа́ешь		копа́й	dig
ласка́ть	ласка́ю	ласка́ешь		ласка́й	caress, pet
меша́ть	меша́ю	меша́ешь		меша́й	bother, hinder.
навеща́ть	навеща́ю	навеща́ешь		навеща́й.	visit
отреза́ть	отреза́ю	отреза́ешь		отреза́й	slice off
провожа́ть	провожа́ю	провожа́ешь		провожа́й	escort, see off
пуга́ть	пуга́ю	пуга́ешь		пуга́й	scare
рабо́тать	рабо́таю	рабо́таешь		рабо́тай	work
сту́кать	сту́каю	сту́каешь		сту́кай	bang, knock
угада́ть	угада́ю	угада́ешь		угада́й	guess
чиха́ть	чиха́ю	чиха́ешь		чиха́й	sneeze

2.

(п>пл)					
сы́пать	сы́плю	сы́плешь	сы́плют	сыпь	strew, pour
(б>бл)					
колеба́ть	коле́блю	коле́блешь	коле́блют	коле́бли	shake
(м>мл)					
дрема́ть	дремлю́	дре́млешь	дре́млют	дремли́	doze
(т>ч)					
пря́тать	пря́чу	пря́чешь	пря́чут	прячь	hide
шепта́ть	шепчу́	ше́пчешь	ше́пчут	шепчи́	whisper
(т>щ)					
ропта́ть	ропщу́	ро́пщешь	ро́пщут	ропщи́	murmur, grumble
(с>ш)					
писа́ть	пишу́	пи́шешь	пи́шут	пиши́	write
посла́ть	пошлю́	пошлёшь	пошлю́т	пошли́	send
чеса́ть	чешу́	че́шешь	че́шут	чеши́	scratch; comb
(з>ж)					
вяза́ть	вяжу́	вя́жешь	вя́жут	вяжи́	knit, tie
ма́зать	ма́жу	ма́жешь	ма́жут	мажь	spread, rub(on)
отре́зать	отре́жу	отре́жешь	отре́жут	отре́жь	slice off
сказа́ть	скажу́	ска́жешь	ска́жут	скажи́	say
(ст>щ)					
свиста́ть	свищу́	сви́щешь	сви́щут	свищи́	whistle
(ск>щ)					
иска́ть	ищу́	и́щешь	и́щут	ищи́	search, look for
(к>ч)					
мурлы́кать	мурлы́чу	мурлы́чешь	мурлы́чут	мурлы́чь	purr
пла́кать	пла́чу	пла́чешь	пла́чут	плачь	cry
скака́ть	скачу́	ска́чешь	ска́чут	скачи́	hop, skip, gallop
(г>ж)					
дви́гать	дви́жу	дви́жешь	дви́жут		
		и			
	дви́гаю	дви́гаешь	дви́гают	дви́гай	move
(х>ш)					
маха́ть	машу́	ма́шешь	ма́шут	маши́	wave

3.

брать	беру́	берёшь	беру́т	брал/-а́	бери́	take
драться	деру́сь	дерёшься	деру́тся	дрался/-а́сь	дери́сь	fight
стлать	стелю́	сте́лешь	сте́лют	стлал	стели́	spread (tablecloth)
звать	зову́	зовёшь	зову́т	звал/-а́	зови́	call

4.

врать	вру	врёшь	врут	врал/-а́	ври	lie, fib
ждать	жду	ждёшь	ждут	ждал/-а́	жди	wait
рвать	рву	рвёшь	рвут	рвал/-а́	рви	tear; pick flowers
лгать	лгу	лжёшь	лгут	лгал/-а́	лги	lie

5.

стать	ста́ну	ста́нешь	ста́нут	стал	стань	become, start
/-де́ть,	-де́ну	-де́нешь	-де́нут	-де́л	-де́нь	put on, away/
/-стыть	-сты́ну	-сты́нешь	-сты́нут	-стыл	-стынь	grow cold/
нача́ть	начну́	начнёшь	начну́т	на́чал/-а́	начни́	begin
мять	мну	мнёшь	мнут	мял	мни	crumple
жать	жму	жмёшь	жмут	жал	жми	squeeze
	жну	жнёшь	жнут	жал	жни	reap

6.

(я-ьм)

взять	возьму́	возьмёшь	возьму́т	взял/-а́	возьми́	take

(я-йм)

заня́ть	займу́	займёшь	займу́т	за́нял/-а́	займи́	occupy, entertain
наня́ть	найму́	наймёшь	найму́т	на́нял/-а́	найми́	rent, hire
поня́ть	пойму́	поймёшь	пойму́т	по́нял/-а́	пойми́	comprehend
уня́ть	уйму́	уймёшь	уйму́т	уня́л/-а́	уйми́	calm

(я-им)

обня́ть	обниму́	обни́мешь	обни́мут	о́бнял/-а́	обними́	embrace
подня́ть	подниму́	подни́мешь	подни́мут	по́днял/-а́	подними́	lift, raise
снять	сниму́	сни́мешь	сни́мут	снял/-а́	сними́	take off
приня́ть	приму́	при́мешь	при́мут	при́нял/-а́	прими́	take, accept

(**несов. вид**: /брать/ зан**има́**ть, нан**има́**ть, пон**има́**ть, уним**а́**ть, обним**а́**ть, подн**има́**ть, сн**има́**ть, прин**има́**ть)

7.

ла́ять	ла́ю	ла́ешь	ла́ют	ла́ял	лай	bark
наде́яться	наде́юсь	наде́ешься	наде́ются	наде́ялся	наде́йся	hope
смея́ться	смеюсь	смеёшься	смеются	смеялся	сме́йся	laugh

2. -ава́ть

дава́ть	даю́	даёшь	даю́т	дава́л	дава́й	give
встава́ть	встаю́	встаёшь	встаю́т	встава́л	встава́й	get up
задава́ть	задаю́	задаёшь	задаю́т	задава́л	задава́й	assign, ask questions
перестава́ть	перестаю́				перестава́й	cease,quit
преподава́ть	преподаю́				преподава́й	teach
продава́ть	продаю́				продава́й	sell
узнава́ть	узнаю́				узнава́й	recognize, find out
создава́ть	создаю́				создава́й	create; set up

(**сов. вид**: дать, встать, зада́ть, переста́ть, прода́ть, узна́ть, созда́ть)

3. -овать/-евать

жа́ловаться	жа́луюсь	жа́луешься	жа́ловался	жа́луйся	complain
жева́ть	жую́	жуёшь	жева́л	жуй	chew
ночева́ть	ночу́ю	ночу́ешь	ночева́л	ночу́й	spend the night
сове́товать	сове́тую	сове́туешь	сове́товал	сове́туй	advise
танцева́ть	танцу́ю	танцу́ешь	танцева́л	танцу́й	dance
целова́ть	целу́ю	целу́ешь	целова́л	целу́й	kiss
чу́вствовать	чу́вствую	чу́вствуешь	чу́вствовал	чу́вствуй	feel
плева́ть	плюю́	плюёшь	плева́л	плюй	spit
воева́ть	вою́ю	вою́ешь	воева́л	вою́й	wage war

4. -еть

1.

беле́ть	беле́ю	беле́ешь	беле́л	(беле́й)	show white
боле́ть*	боле́ю	боле́ешь	боле́л	боле́й	be ill with
уме́ть	уме́ю	уме́ешь	уме́л	уме́й	know how
греть	гре́ю	гре́ешь	грел	грей	warm up

(жале́ть, зелене́ть, полне́ть, умне́ть, успе́ть, хороше́ть, худе́ть, черне́ть)

2.

-деть	-де́ну	-де́нешь	-дел	-день	put on/away

/стать, стыть/

3.

петь	пою́	поёшь	пел	пой	sing

5. -ере-ть

запере́ть	запру́	запрёшь	за́пер/-ла́	запри́	lock
стере́ть	сотру́	сотрёшь	стёр/-ла	сотри́	erase
умере́ть	умру́	умрёшь	у́мер/-ла́	умри́	die

---

* 1. боле́ть: боле́ет гриппом — he/she is down with the flu
2. голова́ боли́т/но́ги боля́т — have a headache/ legs hurt/ache

6. -ить

1.

бить	бью	бьёшь	бьют	бил	бей	strike, beat
вить	вью	вьёшь	вьют	вил/-а́	вей	weave
лить	лью	льёшь	льют	лил/-а́	лей	pour (liquid)
пить	пью	пьёшь	пьют	пил/-а́	пей	drink
шить	шью	шьёшь	шьют	шил	шей	sew

2.

брить	бре́ю	бре́ешь	бре́ют	брил	брей	shave

3.

гнить	гнию́	гниёшь	гнию́т	гнил/-а́		rot, decay

4.

ошиби́ться	ошибу́сь	ошибёшься	ошибу́тся	оши́бся/ оши́блась	ошиби́сь	be mistaken
ушиби́ться	ушибу́сь	ушибёшься	ушибу́тся	уши́бся уши́блась	ушиби́сь	hurt oneself

8. -нуть

1.

возни́кнуть	возни́кну	возни́кнешь	возни́кнут	возни́к/-ла	возни́кни	arise, spring up
воскре́снуть	воскре́сну	воскре́снешь	воскре́снут	воскре́с/-ла	воскре́сни	be resurrected
га́снуть/по-	пога́сну	пога́снешь		пога́с/-ла	пога́сни	be extinguished
ги́бнуть/по-				поги́б/-ла		perish
гло́хнуть/о-				огло́х/-ла		become deaf
дости́гнуть				дости́г/-ла		attain
зати́хнуть				зати́х/-ла		fall silent
издо́хнуть				издо́х/-ла		die, croak
исче́знуть				исче́з/-ла		vanish
кре́пнуть/о-				окре́п/-ла		become stronger
мёрзнуть/за-				замёрз/-ла		freeze(intr.)
мо́кнуть/про-				промо́к/-ла		get wet, soaked
привы́кнуть				привы́к/-ла		get accustomed
сле́пнуть/о-				осле́п/-ла		become blind
со́хнуть/вы-				вы́сох/-ла		become dry
сты́нуть:стыть/о-	осты́ну	осты́нешь	осты́нут	осты́л	осты́нь	get cool, cold

2.

верну́ть	верну́	вернёшь	верну́т	верну́л	верни́	return
вы́нуть	вы́ну	вы́нешь	вы́нут	вы́нул	вы́нь	take, pull out
дёрнуть	дёрну	дёрнешь	дёрнут	дёрнул	дёрни	jerk
засну́ть					засни́	fall asleep
косну́ться					косни́сь	touch
кри́кнуть					кри́кни	yell

ло́пнуть					ло́пни	burst
обману́ть					обмани́	cheat, swindle
отдохну́ть					отдохни́	rest
улыбну́ться					улыбни́сь	smile

8. -уть

дуть	ду́ю	ду́ешь	ду́ют	дул	дуй	blow
(обу́ть, разу́ть)						

9. -оро-ть (-оло-ть)

боро́ться	борю́сь	бо́решься	бо́рются	боро́лся	бори́сь	struggle
поро́ть	порю́	по́решь	по́рют	поро́л	пори́	rip open (a seam)
коло́ть	колю́	ко́лешь	ко́лют	коло́л	коли́	prick; chop
моло́ть	мелю́	ме́лешь	ме́лют	моло́л	мели́	mill, grind
(толо́чь)						

10. -чь

> к						
увле́чь	увлеку́	увлечёшь	увлеку́т	увлёк/-ла́	увлеки́	attract
печь	пеку́	печёшь	пеку́т	пёк/-ла́	пеки́	bake
течь	теку́	течёшь	теку́т	тёк/-ла́	теки́	flow
(толо́чь	толку́	толчёшь	толку́т	толо́к/ толкла́	толки́	pound, crush)
> г						
бере́чь	берегу́	бережёшь	берегу́т	берёг/-ла	береги́	guard, take care
жечь	жгу	жжёшь	жгут	жёг/жгла	жги	burn
мочь	могу́	мо́жешь	мо́гут	мог/могла́		be able
стричь	стригу́	стрижёшь	стригу́т	стри́г-ла	стриги́	cut, shear
лечь	ля́гу	ля́жешь	ля́гут	лёг/легла́	ляг	lie down

11. -ти

-б-						
грести́	гребу́	гребёшь	гребу́т	грёб/-ла́	греби́	row
-д-						
идти́	иду́	идёшь	иду́т	шёл/шла	иди́	go, walk
брести́	бреду́	бредёшь	бреду́т	брёл/-а́	бреди́	trudge, amble
вести́	веду́	ведёшь	веду́т	вёл/-а́	веди́	conduct, lead
-т-						
изобрести́	изобрету́	изобретёшь	изобрету́т	изобрёл/-а́	изобрети́	invent
мести́	мету́	метёшь	мету́т	мёл/-а́	мети́	sweep
плести́	плету́	плетёшь	плету́т	плёл/-а́	плети́	plait
приобрести́	приобрету́	-тёшь	-ту́т	приобрёл/-а́	приобрети́	acquire
цвести́	цвету́	цветёшь	цвету́т	цвёл/-а́	цвети́	bloom

-с-						
нести́	несу́	несёшь	несу́т	нёс/-ла́	неси́	carry
спасти́	спасу́	спасёшь	спасу́т	спас/-ла́	спаси́	save
трясти́	трясу́	трясёшь	трясу́т	тряс/-ла́	тряси́	shake

-з-						
везти́	везу́	везёшь	везу́т	вёз/-ла́	вези́	take (by vehicle)
ползти́	ползу́	ползёшь	ползу́т	полз/-ла́	ползи́	crawl

12. -сть, -зть

-д-						
класть	кладу́	кладёшь	кладу́т	клал	клади́	lay; put down
красть	краду́	крадёшь	краду́т	крал	кради́	steal
упа́сть	упаду́	упадёшь	упаду́т	упа́л	упади́	fall down
сесть	ся́ду	ся́дешь	ся́дут	сел	сядь	sit down

-з-						
грызть	грызу́	грызёшь	грызу́т	гры́з/-ла	грызи́	gnaw
лезть	ле́зу	ле́зешь	ле́зут	лез/-ла	лезь	climb, crawl; get into

13. -ыть

1. -ой-						
выть	во́ю	во́ешь	во́ют	выл	вой	howl (animal, wind)
крыть	кро́ю	кро́ешь	кро́ют	крыл	крой	cover
мыть	мо́ю	мо́ешь	мо́ют	мыл	мой	wash
рыть	ро́ю	ро́ешь	ро́ют	рыл	рой	dig

2. -в-						
жить	живу́	живёшь	живу́т	жил-а́	живи́	live
плыть	плыву́	плывёшь	плыву́т	плыл-а́	плыви́	swim
слыть	слыву́	слывёшь	слыву́т	слыл -а́	слыви́	be reputed

3. -н-						
стыть	сты́ну	сты́нешь	сты́нут	стыл	стынь	grow cold, cool

Изоли́рованные глаго́лы

1.бежа́ть	бегу́	бежи́шь	бежи́т				
		бежи́м	бежи́те	бегу́т	бежа́л	беги́	run
2.быть	бу́ду	бу́дешь	бу́дет				
		бу́дем	бу́дете	бу́дут	был/-а́	будь	be
3.дать	дам	дашь	даст				
		дади́м	дади́те	даду́т	дал/-а́	дай	give
4.есть	ем	ешь	ест				
		еди́м	еди́те	едя́т	е́л	ешь	eat
5.е́хать	е́ду	е́дешь	е́дет				
		е́дем	дете	е́дут	е́хал	/поезжа́й/	ride, go
6.клясть	кляну́	клянёшь	клянёт				
		клянём	клянёте	кляну́т	клял/-а́	кляни́	curse, damn
7.расти́	расту́	растёшь	растёт				
		растём	растёте	расту́т	рос/-ла́	расти́	grow (intr.)
8. хоте́ть	хочу́	хо́чешь	хо́чет				
		хоти́м	хоти́те	хотя́т	хоте́л	/жела́й/	want, desire

Слова́рь

The verbs are given in the same aspect as they appear in Part I, pp. 2-10. The imperfective pair is given below the perfective verb. The perfective (if not prefixed) is given below in parentheses; the page number follows. The initial verb is translated - not its pair.

Б

бежа́ть (по-)	10	-run
беле́ть (за-)	6	-show white
бере́чь (с-)	8	-guard,care
бить (по-)	7	-hit,strike
блесте́ть (за-)	2	-glitter
боле́ть (за-)	6	-be ill with
боро́ться (по-)	8	-struggle
боя́ться	2	-fear
брать	5	-take
(взять)		
брести́ (по-)	8	-trudge,amble
брить (по-)	7	-shave
броса́ть	4	-throw
(бро́сить)		
буди́ть (раз-)	3	-wake (tr.)
быть	10	-be

В

взять	5	-take
брать		
везти́ (по-)	9	-take (by vehicle)
веле́ть (по-)	2	-order, command
верну́ть	7	-return
возвраща́ть		
верте́ть(по-)	2	-twirl
вести́ (по-)	8	-lead
ви́деть (у-)	2	-see
вини́ть (об-)	3	-blame, accuse
висе́ть (по-)	2	-be hanging
вози́ть	3	-transport
(повезти́)		
возни́кнуть	7	-spring up, arise
возника́ть		
воскре́снуть	7	-be resurrected
воскреса́ть		
ворча́ть (за-)	2	-grumble, nag
врать (со-)	5	-lie, fib
встава́ть	6	-get up
(встать)		
встре́тить	3	-meet
встреча́ть	4	-meet
вы́нуть	7	-take/pull out
вынима́ть		
выть (за-)	9	-howl, wail
вяза́ть (с-)	4	-knit

Г

га́снуть (по-)	7	-go out (light)
ги́бнуть (по-)	7	-perish
гло́хнуть (о-)	7	-become deaf
гнать (про-)	2	-chase away
гнить (с-)	7	-rot
горе́ть (с-)	2	-be burning
графи́ть	3	-make lines, rule
грести́ (по-)	8	-row
греть (со-)	6	-warm up
грызть (по-)	9	-gnaw

Д

дава́ть	6	-give
(дать)	10	-give
держа́ть (по-)	2	-hold
дёрнуть	7	-jerk, tug
дёргать		
-деть	6	-put
-дева́ть		
дои́ть (по-)	3	-milk
дости́гнуть	7	-attain
достига́ть		
до́хнуть (с-)	7	-die, croak
дра́ться (по-)	5	-fight (fists)
дрема́ть (по-)	4	-doze
дрожа́ть (за-)	2	-shiver, tremble
дуть (по-)	8	-blow
дыша́ть (по-)	2	-breathe

Е

езди́ть (по-)	3	-ride
е́хать (по-)	10	-ride

Ж

жале́ть (по-)	6	-feel pity, regret
жа́ловаться (по-)	6	-complain
жать (по-)	5	-squeeze//reap
ждать (подо-)	5	-wait
жева́ть (про-)	6	-chew
жечь (за-)	8	-burn (tr.)
жить (по-)	9	-live

З

зави́сеть	2	-depend
задава́ть (зада́ть)	6	-assign; set; ask
заня́ть занима́ть	5	-occupy, entertain
запере́ть запира́ть	6	-lock
запрети́ть запреща́ть	3	-forbid
засну́ть засыпа́ть	7	-fall asleep
зати́хнуть затиха́ть	7	-fall silent
звать (по-)	5	-call
здоро́ваться (по-)	4	-greet
знако́мить(по-)	3	-introduce

И

идти́ (пойти́)	8	-walk
изобрази́ть изобража́ть	3	-depict
изобрести́ изобрета́ть	8	-invent
иска́ть (по-)	4	-look for search
исче́знуть	7	-vanish

К

класть (положи́ть)	9	-put, lay
кле́ить (за-)	3	-glue
клясть (про-)	10	-curse, damn
колеба́ть (за-)	3	-swing, shake
коло́ть кольну́ть	8	-prick
копа́ть(за-)	4	-dig
корми́ть(на-)	3	-feed
косну́ться каса́ться	7	-touch, concern
кра́сить (по-)	3	-paint (wall)
красть (у-)	9	-steal
кре́пнуть (о-)	7	-grow strong
крича́ть (за-)	2	-yell
крои́ть (с-)	3	-cut out (dress)
крыть (по-)	9	-cover

Л

лгать(со-)	5	-tell lies
лежа́ть(по-)	2	-lie
лечь ложи́ться	8	-lie down
лезть(по-)	9	-crawl, climb
лить(по-)	7	-pour (liq.)
лови́ть(по-) (пойма́ть)	3	-catch
ло́пнуть ло́паться	8	-burst
люби́ть(по-)	3	-love

М

ма́зать (на-)	4	-rub on
маха́ть (по-) (махну́ть)	4	-wave
мести́ (под-)	8	-sweep
мёрзнуть (за-)	7	-be freezing
меша́ть (по-)	4	-bother
мо́кнуть (про-)	7	-become wet
моло́ть (с-)	8	-grind, mill
молча́ть(за-)	2	-be silent
мочь (с-)	8	-be able
мурлы́кать (за-)	4	-purr
мча́ться (по-)	2	-rush
мыть (вы́-)	9	-wash
мять (с-)	5	-crumple

Н

навеща́ть (навести́ть)	4	-visit
наде́яться (по-)	5	-hope
наня́ть нанима́ть	5	-hire
нача́ть начина́ть	5	-begin
нести́ (по-)	9	-carry
ночева́ть (пере-)	6	-spend the night

О

оби́деть оби́жа́ть	2	-offend
обману́ть обма́нывать	8	-deceive,cheat
обня́ть обнима́ть	5	-embrace
обу́ть обува́ть	8	-provide with shoes
освети́ть освеща́ть	3	-illuminate
освободи́ть освобожда́ть	3	-liberate
отдохну́ть отдыха́ть	8	-rest
отреза́ть (отре́зать)	4	-slice off
ошиби́ться ошиба́ться	7	-be mistaken, -make a mistake

П

петь (за-)	6	-sing
перестава́ть (переста́ть)	6	-stop, cease
печь (ис-)	8	-bake
писа́ть (на-)	4	-write
пить (вы-)	7	-drink
пла́кать (за-)	4	-cry
плати́ть (за-)	3	-pay
плева́ть (на-)	6	-spit
плести́ (за-)	8	-plait, weave
плыть (по-)	9	-swim
подня́ть поднима́ть	5	-lift
пои́ть (на-)	3	-give a drink
полне́ть (рас-)	6	-gain weight
ползти́ (по-)	9	-crawl
поня́ть понима́ть	5	-comprehend
поро́ть (рас-)	8	-rip open
посла́ть посыла́ть	4	-send
прегради́ть прегражда́ть	3	-obstruct
преподава́ть	6	-teach
привы́кнуть привыка́ть	7	-get used to
приня́ть принима́ть	5	-accept; take
приобрести́ приобрета́ть	8	-acquire
провожа́ть (проводи́ть)	4	-see off, accompany
продава́ть (прода́ть)	6	-sell
проси́ть (по-)	3	-ask, request
пря́тать (с-)	4	-hide
пуга́ть (на-)	4	-scare, frighten

Р

рабо́тать (по-)	4	-work
расти́ (вы-)	10	-grow (intr.)
рвать (на-)	5	-tear; pick flowers
ропта́ть (по-)	4	-grumble
рыть (вы-)	9	-dig

С

сесть сади́ться	9	-sit down
сиде́ть (по-)	2	-be sitting
сказа́ть говори́ть	4	-say
скака́ть (по-)	4	-hop, gallop
скорбе́ть	2	-grieve
сле́пнуть (о-)	7	-go blind
слыть	9	-be reputed
слы́шать (у-)	2	-hear
смея́ться (за-)	5	-laugh
смотре́ть(по-)	2	-look
снять снима́ть	5	-take ~~own~~ off
сове́товать(по-)	6	-advise
создава́ть (созда́ть)	6	-create
со́хнуть (вы-)	7	-dry (intr.)
спать (по-)	2	-sleep
спасти́ спаса́ть	9	-save
стать станови́ться	5	-become
стере́ть стира́ть	6	-erase
стлать (по-)	5	-spread (tablecloth)
стоя́ть (по-)	2	-stand
стричь (под-)	8	-cut hair, shear
стро́ить (по-)	3	-build
стуча́ть (по-) (сту́кнуть)	2	-knock, bang
стыть (о-)	9	-grow cold
сы́пать (на-)	4	-pour,strew

Т

таи́ть (у-)	3	-conceal
танцева́ть(по-)	6	-dance
терпе́ть (вы-)	2	-endure,stand
течь (по-)	8	-flow
трясти́ (по-)	9	-shake (tr.)

У

увле́чь увлека́ть	8	-attract
угада́ть уга́дывать	4	-guess
узнава́ть (узна́ть)	6	-recognize; find out
улыбну́ться улыба́ться	8	-smile
умере́ть умира́ть	6	-die
уме́ть (с-)	6	-be able; know how
умне́ть (по-)	6	-grow smarter
умо́лкнуть умолка́ть	7	-fall silent
уня́ть унима́ть	5	-calm
упа́сть па́дать	9	-fall down
успе́ть успева́ть	6	-have enough time in which to do something
ушиби́ться ушиба́ться	7	-hurt oneself

Х

ходи́ть (по-)	3	-walk
хороше́ть (по-)	6	-grow better-looking
хоте́ть (за-)	10	-want, desire
худе́ть (по-)	6	-grow thin

Ц

цвести́ (за-)	8	-bloom
целова́ть (по-)	6	-kiss

Ч

черне́ть (по-)	6	-show black, turn black
чеса́ть (при-)	4	-comb
(по-)	4	-scratch
чиха́ть (за-) (чихну́ть)	4	-sneeze
чу́вствовать (по-)	6	-feel

Ш

шить (с-)	7	-sew
шуме́ть (за-)	2	-make noise

Упражнéния

Глаго́лы для упражне́ний взя́ты из посо́бия *A Handbook of Russian Verb Morphology*. В *Упражне́ниях 1,2,3* испо́льзуются глаго́лы ВТОРОГО спряже́ния (стр. 2-4).

Упражне́ние 1. Вы́берите подходя́щий по смы́слу глаго́л и испо́льзуйте его́ или в настоя́щем и́ли в просто́м бу́дущем вре́мени.

А. (дыша́ть, мча́ться, шуме́ть, дрожа́ть, звони́ть, дели́ть, спать)

1. Куда́ ты __________? Куда́ бежи́шь?

2. Ле́том де́ти ча́сто _____________ в саду́, в пала́тках.

3. Малы́ш так испуга́лся, что весь ___________ ! Кто его́ так напуга́л?

4. Я весь день им ___________, но никто́ не отвеча́ет.

5. Соба́ка уста́ла и тяжело́ _____________.

6. Почему́ вы ___________ на шесть часте́й? Ведь нас се́меро!

Б. (держа́ть, слы́шать, крича́ть, боя́ться, гнать, горе́ть, стоя́ть, запрети́ть)

1. На столе́ _____________ свеча́.

2. Покажи́, что ты _____________ в руке́.

3. Они́ уже́ не́сколько часо́в _____________ в э́той о́череди!

4. Ко́лин дя́дя пло́хо __________. Говори́ с ним погро́мче.

5. Ма́ма опя́ть _____________ на дете́й. Что они́ опя́ть натвори́ли?! (What mess have they gotten into? What have they done now?!)

6. (Я) ____________ , что он забы́л о собра́нии. Он всегда́ всё забыва́ет.

В. (накорми́ть, терпе́ть, лови́ть, лежа́ть, шуме́ть, оби́деть, буди́ть, горе́ть)

1. Ребя́та бе́гают, ____________, меша́ют мне занима́ться.

2. Не ____________ Ко́лю. Пусть вы́спится. Я его́ разбужу́ к у́жину.

3. Если не придёшь на конце́рт, то её ___________. Заче́м её огорча́ть?

4. Они́ с ра́ннего утра́ сидя́т в ло́дке и ___________ ры́бу.

5. Завка́федрой не ___________ никаки́х возраже́ний. На́до де́лать то́лько так, как он хо́чет.

6. На столе́ _____________ све́жая газе́та.

7. Не беспоко́йся, я _____________ дете́й. Они́ поу́жинают с на́ми.

Г. (проси́ть, встре́тить, плати́ть, кури́ть, купи́ть, кра́сить, лете́ть)

1. Я ________ в Евро́пу, а он __________ в Азию.

2. Я тебя́ о́чень ____________ э́того не говори́ть на собра́нии.

3. Мы купи́ли кра́ску, ки́сти, и са́ми ___________ дом!

4. Я не покупа́ю в креди́т. Я всегда́ ___________ нали́чными.

5. Договори́лись, Ко́ля тебя́ ____________ в аэропорту́.

6. Дава́й ____________ моро́женого к у́жину.

7. Я бо́льше не _________. Врач мне запрети́л кури́ть.

Упражне́ние 2. Напиши́те по образцу́.
Обра́зец: (крича́ть) Не кричи́!

1. (смотре́ть на него́)
2. (стоя́ть тут)
3. (боя́ться э́того)
4. (верте́ться)
5. (кури́ть в до́ме)
6. (звони́ть ве́чером)
7. (лежа́ть на полу́)
8. (стуча́ть)
9. (сиде́ть там)
10. (шуме́ть)
11. (ве́рить ему́)
12. (проси́ть де́нег)
13. (вози́ть их туда́)
14. (таи́ть ничего́)
15. (корми́ть кота́)
16. (буди́ть ма́му)
17. (дрожа́ть)
18. (свисте́ть)
19. (знако́мить нас)
20. (кра́сить дверь)
21. (чи́стить сапоги́)

Упражне́ние 3. Испо́льзуя однокоренно́й глаго́л, отрабо́тайте моде́ль по образцу́.

Обра́зец: встре́ча (meeting) встре́тить (to meet)

1. стук (knock)
2. чи́стка (cleaners)
3. изображе́ние (depiction)
4. дрожь (trembling)
5. про́сьба (request)
6. терпе́ние (patience)
7. молча́ние (silence)
8. го́нки (race/car)
9. буди́льник (alarm clock)
10. знако́мство (introduction)
11. ве́ра (belief, faith, trust)
12. кра́ска (paint)
13. боя́знь (fear)
14. любо́вь (love)
15. поку́пка (purchase)
16. оби́да (offence, wrong)
17. шум (noise)
18. звук (sound)

В *Упражне́ниях 4,5,6* испо́льзуются глаго́лы ПЕРВОГО спряже́ния (стр.4–6)

Упражне́ние 4. Вы́берите подходя́щий по смы́слу глаго́л и испо́льзуйте его́ в ну́жной фо́рме. **Не употребля́йте форм проше́дшего вре́мени.**

А. (дрема́ть, спря́тать, здоро́ваться, нама́зать, отре́зать, пла́кать, посла́ть)

1. Они́ поссо́рились и не _____________ друг с дру́гом.
2. Почему́ малы́ш так го́рько и гро́мко _____________? Что случи́лось?
3. Ты хо́чешь, что́бы я отре́зала тебе́ сы́ру, или ты сам себе́ _____________?
4. Дава́й _____________ все рожде́ственские пода́рки куда́-нибудь пода́льше.
6. Я за́втра же _____________ им наш но́вый уче́бник.
7. Пусть сестра́ _____________ тебе́ хлеб варе́ньем; ты сам не мажь.

Б. (причеса́ться, врать, нача́ть/-ся, иска́ть, драться, угада́ть, вяза́ть)

1. Этому па́рню нельзя́ ве́рить! Он всегда́ _____________.
2. Ты никогда́ не _____________, кого́ я сего́дня встре́тила на ка́федре.
3. Я _____________ свою́ су́мку. Не зна́ю, где я её могла́ оста́вить.
4. Когда́ ты _____________ серьёзно занима́ться? Ты же прова́лишься!
5. Я _____________ сви́тер для Та́ни, а Та́ня _____________ мне рукави́цы.
6. Я то́лько _____________ и бу́ду гото́в/-а.
7. Ребя́та опя́ть _____________ из-за каки́х-то пустяко́в.
8. Кани́кулы _____________ то́лько че́рез неде́лю. А не́которые студе́нты уже́ уе́хали домо́й!

В. (смея́ться, наде́яться, жева́ть, задава́ть, бри́ть/-ся, поня́ть, приня́ть)

1. Ешь ме́дленно, _____________ всё не́сколько раз, не торопи́сь.
2. Не _____________ над бе́дным па́рнем; ему́ и так нело́вко.
3. Говори́те ме́дленнее, и студе́нт вас _____________.
4. И я _____________, и они́ _____________, что вы нам помо́жете.
5. Если у тебя́ боли́т голова́, _____________ что-нибудь от головно́й бо́ли.
6. Ученика́м _____________ мно́го дома́шней рабо́ты? Кто вам сказа́л?

Г. (совéтовать/-ся, продавáть/-ся, подогрéть, плевáть, поднять/-ся, спеть)

1. Давáйте ______ нáшу любимую пéсню.
2. Если суп остыл, пусть он егó ______.
3. ______ всё, что (ты) разбросáл/-а пó полу (на полý).
4. В том магазине чай не ______, там ______ тóлько кóфе.
5. Не ______ вам ходить тудá вéчером. Опáсно!
6. Не ______ в колóдец, пригодится воды напиться (послóвица).
7. Если лифт не рабóтает, то ______ по лéстнице.
8. Нáдо ______ с тем, кто разбирáется в таких делáх.

Д. (одéться, чýвствовать, снять, успéть, звать, жáловаться, ошибиться)

1. Нáсморк прошёл; я ______ себя горáздо лýчше, спасибо.
3. Все преподавáтели им недовóльны, все ______ на негó.
4. Аня сейчáс одевáется. Когдá (онá) ______, то позвонит тебé.
5. Ты случáйно не знáешь, как ______ нóвого студéнта?
6. Не знáю, ______ ли я поговорить с Ириной об э́том. У меня всё врéмя расписáно. Со стóлькими нáдо переговорить.

Упражнéние 5. Отрабóтайте модéль по образцý.

Образéц: (**полить цветы/поливáть**)
Пусть он **польёт** цветы, а ты **не поливáй.**

1. (стерéть с доски/ стирáть) Пусть он ______, а ты не ______.
2. (посовéтовать Кóле/ совéтовать)
3. (заперéть все двéри/ запирáть)
4. (принять лекáрство/принимáть)
5. (послáть дéньги/посылáть)
6. (поднять всё с пóлу/поднимáть)

Образéц: (**бриться**) Пусть они **брéются**, а ты **не брéйся**.

1. (целовáться) 2. (жáловаться) 3. (плáкать) 4. (смеяться)

5. (лгать) 6. (драться) 7. (ждать) 8. (здорóваться)

9. (толстéть) 10. (худéть) 11. (пить) 12. (петь)

Упражне́ние 6. Отрабо́тайте по образцу́.

Образе́ц: Ма́ма хо́чет, **что́бы ты оде́лся** потепле́е.
Оде́нься потепле́е!

Ма́ма хо́чет, что́бы ты подогре́л суп.
что́бы ты спел ру́сскую пе́сенку.
чтобы ты вы́пил всё мо́локо.
что́бы ты при́нял лека́рство от ка́шля.
что́бы ты смея́лся почáще.
что́бы ты потанцева́л с Ка́тей.
что́бы ты взял с собо́й зо́нтик.

В *Упражне́ниях 7-11* испо́льзуются глаго́лы ПЕРВОГО спряже́ния и ИЗОЛИРОВАННЫЕ глаго́лы (стр.7-10).

Упражне́ние 7. Поста́вьте сле́дующие глаго́лы в фо́рме проше́дшего вре́мени:

осле́пнуть	верну́ться	распу́хнуть	кри́кнуть
отдохну́ть	вы́сохнуть	воскре́снуть	ло́пнуть
сдо́хнуть	сту́кнуть	косну́ться	дости́гнуть

Упражне́ние 8. Вы́берите подходя́щий по смы́слу глаго́л и испо́льзуйте его́ в ну́жной фо́рме.

А.(боро́ться, коло́ть, моло́ть, увле́чься, подстри́чь, лечь, вы́нуть)

1. Он до́лго коло́л дрова́, и сейча́с у него́ боли́т рука́ и ________ в боку́.
2. Ко́фе тако́й души́стый, потому́ что мы са́ми его́ __________.
3. Аня _________ из су́мки три значка́ и положи́ла их на стол.
4. Если ты уста́ла, (то) ________ и отдохни́.
5. Мы все так ________ игро́й, что забы́ли о вре́мени.
6. Мне о́чень нра́вится твоя́ стри́жка. Где тебя́ так хорошо́ _________?
7. Их сы́на уже давно́ нет в живы́х: он _________ на войне́.

Б. (изобрести́, приобрести́, спасти́, класть, закры́ть, укра́сть, па́хнуть)

1. Не оставля́йте здесь су́мку, а то кто́-нибудь её __________.
2. ________ дверь, пожа́луйста.
3. Ко́ля - не Эдисо́н. Он ничего́ не _________.
4. В ку́хне ________ чем-то вку́сным.
5. Не _________ свой гря́зный портфе́ль на чи́стую ска́терть.
6. Он не утону́л. Его́ ________.

В. (вести́, упа́сть, вы́мыть, есть, бежа́ть, е́хать, сесть)

1. Куда́ они́ торо́пятся, куда́ ____________?

2. Ребёнок _________ сли́шком мно́го сла́дкого. Это нехорошо́!

3. За́втра на́ших малыше́й _________ в музе́й.

4. На́ши знако́мые за́втра ___________ к себе́ на да́чу.

5. Ко́ля, не бе́гай! __________ и сиди́ споко́йно.

6. Пусть она́ __________ посу́ду, я вчера́ мыл/-а.

7. Следи́ за ребёнком, а то он побежи́т и ____________.

Упражне́ние 9. Отрабо́тайте по образцу́.

Образе́ц: **Отдохни́!**
Он хо́чет, **что́бы ты отдохну́л.**

1. Ляг на крова́ть!
2. Приколи́ значо́к!
3. Жуй ме́дленее!
4. Наре́жь хлеб!
5. Вы́мой посу́ду!
6. Накро́й на стол!
7. Принеси́ стака́н воды́!
8. Привези́ газе́ту!
9. Сядь в кре́сло!
10. Пое́шь моро́женого!
11. Постриги́сь! Подстриги́сь!

Упражне́ние 10. Отве́тьте на вопро́сы по да́нному образцу́.

- Что говоря́т, е́сли **хотя́т, что́бы ты верну́л кни́гу?**
- **Верни́ кни́гу.**

1. Что говоря́т, е́сли хотя́т, что́бы ты се́л у окна́?
2. что́бы ты при́нял аспири́н?
3. освободи́лся пора́ньше?
4. подожда́л бра́та?
5. зажёг свет?
6. лег спать пора́ньше?
7. вы́тер ру́ки э́тим полоте́нцем?
8. смоло́л ко́фе?
9. бро́сил кури́ть?
10. посла́л письмо́ у́тром?
11. спря́тал конфе́ты пода́льше?
12. отре́зал кусо́чек сы́ру?
13. спе́л ру́сскую пе́сню?
14. причеса́лся?
15. побри́лся?
16. покра́сил ко́мнату?
17. по́днял что́-то с по́лу?
18. за́нял хоро́шие места́?
19. поздоро́вался с Тимофе́евым?
20. пожа́ловался на Тимофе́ева?

Упражне́ние 11. Отрабо́тайте по образцу́.

Образе́ц: **Не на́до спра́шивать** его́ бра́та.
Не спра́шивай/Не спра́шивайте его́ бра́та.

1. Не на́до ссо́риться со все́ми.
2. Не на́до спра́шивать его́ об э́том.
3. Не на́до танцева́ть с его́ бра́том.
4. Не на́до задава́ть сто́лько вопро́сов.
5. Не на́до беспоко́иться об э́том.
6. Не на́до жа́ловаться на всех и на всё.
7. Не на́до есть жи́рного.
8. Не на́до пить спиртно́го.
9. Не на́до ста́вить посу́ду туда́.
10. Не на́до боя́ться соба́к.
11. Не на́до петь таки́х пе́сен.
12. Не на́до спать на полу́.
13. Не на́до крича́ть.
14. Не на́до дра́ться.
15. Не на́до пря́тать ве́щи.

Лекси́ческие упражне́ния на все гру́ппы глаго́лов (стр.2-10)

Упражне́ние 12. Подбери́те сино́нимы (А, Б) и анто́нимы (В):

А.	мча́ться ____	1. дава́ть есть
	молча́ть ____	2. име́ть доста́точно вре́мени
	возни́кнуть ____	3. име́ть успе́х
	верте́ть ____	4. дви́гаться о́чень бы́стро
	корми́ть ____	5. крути́ть
	кра́сить ____	6. сде́лать тёплым, горя́чим
	хохота́ть ____	7. нарисова́ть, описа́ть
	отпусти́ть ____	8. появи́ться
	создава́ть ____	9. освободи́ть
	подогре́ть ____	10. ремонти́ровать
	изобрази́ть ____	11. покрыва́ть кра́ской
	чини́ть ____	12. ничего́ не говори́ть
	успе́ть ____	13. гро́мко смея́ться
		14. организова́ть

Б.	лгать ____	1. умере́ть
	спря́тать ____	2. де́латься холо́дным
	оби́деть ____	3. пропа́сть
	таи́ть ____	4. оживи́ть
	запрети́ть ____	5. ожи́ть
	исче́знуть ____	6. говори́ть непра́вду
	воскре́снуть ____	7. прекрати́ть; бро́сить
	воскреси́ть ____	8. не позво́лить
	огло́хнуть ____	9. сде́лать кому́-то неприя́тное
	оглуши́ть ____	10. убра́ть так, что́бы не́ было ви́дно
	переста́ть ____	11. потеря́ть слух, лиши́ться слу́ха
	запере́ть ____	12. замкну́ть
	сты́нуть ____	13. сде́лать кого́-то глухи́м
	поги́бнуть ____	14. держа́ть в секре́те

B. (Подбери́те анто́нимы)

поги́бнуть_____	1. нача́ть
со́хнуть _____	2. появи́ться
кре́пнуть _____	3. проща́ться
переста́ть _____	4. сде́лать всё пра́вильно
наде́ть _____	5. говори́ть пра́вду
косну́ться _____	6. оста́ться в живы́х
исче́знуть _____	7. позво́лить
врать _____	8. потеря́ть наде́жду
худе́ть_____	9. чини́ть
запрети́ть _____	10. слабе́ть
воева́ть_____	11. снять
лома́ть _____	12. не тро́гать
здоро́ваться _____	13. толсте́ть
наде́яться _____	14. встреча́ть
ошиби́ться _____	15. жить ми́рно
	16. мо́кнуть

Упражне́ние 14. Испо́льзуя однокоренно́й глаго́л, отрабо́тайте по образцу́. Переведи́те о́ба сло́ва.
Образе́ц: кры́ша (roof) -крыть (to cover)

1. спасе́ние.	2. о́тдых	3. про́сьба
4. рожде́ние	5. рост	6. оши́бка
7. освобожде́ние	8. за́пах	9. больно́й
10. изобрете́ние	11. звук	12. горю́чее
13. созда́ние	14. крик	15. колю́чее
16. увлече́ние	17. клей	18. копи́лка
19. заня́тие	20. заём	21. кра́жа
22. освеще́ние	23. приём	24. кра́ска
25. ожида́ние	26. шёпот	27. наде́жда
28. терпе́ние	29. уко́л	30. пе́сня
31. достиже́ние	32. бег/бегу́н	33. ложь
34. дыха́ние	35. боре́ц	36. ме́льница
37. поня́тие	38. буди́льник	39. еда́
40. зада́ние	41. клад	42. дра́ка
43. пожа́тие	44. смех	45. оби́да
46. пече́ние/-ье	47. посо́л	48. пе́чка
49. изображе́ние	50. плач	51. то́лстый
52. худо́й	53. слепо́й	54. глухо́й

Упражне́ние 15. Отве́тьте на вопро́сы по образцу́.
Образе́ц: Кто чиха́ет?
Чиха́ет тот, кто простуди́лся. Чиха́ет тот, у кого́ на́сморк.

1. Кто принима́ет лека́рство?	2. Кто задаёт вопро́сы?
3. Кто жа́луется?	4. Кто улыба́ется?
5. Кто худе́ет?	6. Кто толсте́ет?
7. Кто молчи́т?	8. Кто спит?
9. Кто мёрзнет?	10. Кто чиха́ет?

Упражне́ние 16. Отве́тьте на вопро́сы.

Обрати́те внима́ние на местоиме́ние, глаго́льное управле́ние и употребле́ние глаго́лов несоверше́нного ви́да.

Образе́ц: Что де́лают с письмо́м? (писа́ть, чита́ть, пря́тать)
Его́ пи́шут, чита́ют, пря́чут.

1. Что де́лают с хле́бом? (печь, ре́зать, есть, продава́ть)
2. Что де́лают с копи́лкой? (класть де́ньги, копи́ть де́ньги)
3. Что де́лают с гря́зными рука́ми? (мыть)
4. Что де́лают с гря́зными ту́флями? (чи́стить)
5. с ча́ем? (зава́ривать, пить)
6. с су́пом? (гото́вить, вари́ть, есть)
7. с посу́дой? (мыть, вытира́ть, ста́вить, бить)
8. с дрова́ми? (коло́ть, топи́ть)
9. с дли́нными волоса́ми? (стричь)
10. с ко́фе в зёрнах? (моло́ть)
11. с кра́ской? (кра́сить)

Образе́ц: Что де́лают на спе́вке? На спе́вке пою́т.

1. Что де́лают на собра́нии?
2. Что де́лают на база́ре?
3. Что де́лают на о́зере?
4. Что де́лают на заня́тиях?
5. Что де́лают в аэропорту́?
6. Что де́лают в теа́тре?
7. Что де́лают на спе́вке?

Образе́ц: Что де́лает вор?
Он крадёт.

1. Что де́лает студе́нт?
2. продаве́ц?
3. покупа́тель?
4. парикма́хер?
5. танцо́р?
6. Что де́лает изобрета́тель?
7. бегу́н?
8. лгун?
9. по́вар/куха́рка?
10. певе́ц?

Упражне́ние 17. Переведи́те на ру́сский язы́к. Глаго́лы для перево́да даны́ в ско́бках.

1. Don't believe him. He always lies. (ве́рить кому?; лгать)
2. What's wrong? You're shaking all over! (случи́ться, дрожа́ть)
3. A portrait of my uncle is hanging in the living room. He left us a lot of money. (висе́ть, оста́вить)

4. You'll never guess how old he is. He looks much older than his age. He has aged a lot since his wife died. (догада́ться, вы́глядеть/ постаре́ть)
5. I've been sneezing and coughing all morning. I must have caught a cold. (чиха́ть, ка́шлять, простуди́ться)
6. Don't be afraid of what you don't know. (боя́ться чего?; знать)
7. I've been sitting here and waiting for you.(сиде́ть где?; ждать кого?)
8. The police caught the thief and found a lot of stolen goods at his house. (пойма́ть, найти́)
9. Do you think we'll have enough time to eat breakfast before leaving for the airport? (ду́мать, успе́ть поза́втракать, пое́хать)
10. I need a sharper knife to peel potatoes. (чи́стить)

11. To answer this question correctly you must recall a certain short poem by Pushkin. (отве́тить на что?; вспо́мнить, припо́мнить)
12. May I ask you a personal question? (зада́ть нескро́мный вопро́с)
13. Something is wrong. You must have made a mistake in your calculations. (ошиби́ться в чём? в вычисле́нии)
14. If you want to impress Masha's parents, get a haircut and polish your shoes. (произвести́ хоро́шее впечатле́ние на кого?; подстри́чься, почи́стить)
15. Watch the kids. They fight at the slightest provocation. (присма́тривать за кем, следи́ть за кем?; дра́ться из-за пустяко́в)
16. Drink your milk slowly and chew your food at least five times! (пить, жева́ть)
17. He burned a hole in his sleeve with a cigarette. (проже́чь что? чем?)
18. Hold on to me or you'll fall and hurt yourself. (держа́ться за кого́?; упа́сть, ушиби́ться)
19. I will touch his shoulder, and he will turn around. (косну́ться чего́?; дотро́нуться до чего?; оберну́ться)
20. Just in case, take the umbrella with you. They are forecasting rain. (взять, передава́ть)

сохраня́ть// сохранить

21. I saved this baby picture of John. He always wanted to throw it away. (сохрани́ть, хоте́ть вы́бросить)
22. You saved our lives by calling the police. (спасти, вы́звать[вы́звав])
23. Take the knife away from Kolya, or he'll cut himself. (отобра́ть у кого?; поре́заться)
24. The sound of thunder deafened us for a second. (оглуши́ть кого?) - to deafen / stun
25. Poor grandpa is going deaf and blind. (гло́хнуть, сле́пнуть)
26. You can't go in there! Students are taking an exam there. (входи́ть, сдава́ть что?)
27. We'll wait for you, don't rush. (подождать кого?; торопи́ться)

тороплюсь
торо́пишься

28. Wipe your hands on this towel; the one you are holding is for guests. (вытира́ть, держа́ть) полоте́нце
29. Misha washed his socks and a shirt and hung them in the yard to dry. (постира́ть [вы́стирать], повеси́ть что?; суши́ть) ве́шать // пове́сить
30. Masha can't come to the phone: she is washing her hair. (подойти́ к...; мыть го́лову)

31. Put the clean dishes on the second shelf. (поста́вить что? куда?)
32. Use the knife, not the spoon, to butter your bread! Why are you behaving like this? (ма́зать что? чем?; вести́ себя́) ма́жу, ма́жешь
33. He always takes (uses) the elevator; he can't walk up the stairs. (по́льзоваться чем?; поднима́ться по чему́?)
34. I'm frozen stiff! I'd love a cup of hot tea. (замёрзнуть; ...(бы) вы́пить) мёрзнуть (impf)
35. Her cheeks are burning from the cold wind. (горе́ть от чего?)
36. He broke his left arm. (слома́ть себе что?)
37. I burned my lip on this milk. (обже́чь себе что?) (обжечься)
38. Don't worry about your dog, I'll feed it (her). (беспоко́иться о ком?; накорми́ть) накормлю́, нако́рмишь
39. Let him drink beer, I don't care. (пить)
40. On Wednesday I get off work at seven and will pick you up at 7:30. (освободи́ться, зае́хать за кем?)
41. Did you lock all the doors and close all the windows when you left the house? (запере́ть что?; закры́ть что?; уходи́ть)
42. Lie down and rest. If you fall asleep, I'll wake you up in an hour. (лечь, отдохну́ть, засну́ть, разбуди́ть кого?)
43. I'll warm up the soup, if you are going to eat it. (подогре́ть что?; бу́дешь его́ есть)
44. Everybody will notice the chairs if I paint them green. (заме́тить, покра́сить)
45. After you fix the toy put it in this box and I'll wrap it in a pretty paper. (почини́ть что?; положи́ть что?; заверну́ть во что?)
46. Who invented this machine? (изобрести́ что?)
47. Stop complaining about everything and everybody. (переста́ть жа́ловаться на кого/на что?)
48. Stop that kid. He stole my purse! (останови́ть кого́?; укра́сть что?)
49. We stopped by the Ivanovs. They have just returned from Japan. (зае́хать/зайти́ к кому́? верну́ться отку́да?)
50. He stopped for a second and then continued on. (останови́ться [приостанови́ться] на мину́ту; продолжа́ть свой путь; зашага́ть)

Прича́стие и дееприча́стие

Прича́стие
Общие све́дения

Прича́стием называ́ется глаго́льная фо́рма, выража́ющая де́йствие и́ли состоя́ние в ви́де ка́чества предме́та. Подо́бно и́мени прилага́тельному, прича́стие определя́ет и́мя существи́тельное. Participles are verbal adjectives and as such they express an action or a state in modifying a noun.

Прича́стие сохраня́ет вид глаго́ла, от кото́рого оно́ образо́вано. Participles retain the imperfective or perfective aspect of the verb.

Прича́стие име́ет два вре́мени: настоя́щее и проше́дшее. Participles have two tenses: present and past.

Прича́стие име́ет два зало́га: действи́тельный и страда́тельный. Participles can be either active or passive.

Прича́стия действи́тельного зало́га пока́зывают, что де́йствие произво́дится сами́м определя́емым лицо́м или предме́том. An active participle conveys that the word which is being modified is/was performing the action.

Прича́стия страда́тельного зало́га пока́зывают, что сло́во (предме́т и́ли лицо́), кото́рое определя́ется, подверга́ется возде́йствию глаго́ла. A passive participle shows that the word which is being modified receives the action.

1. Он смо́трит на **лежа́щее** на столе́ **письмо́** с больши́м удивле́нием.
   Он посмотре́л на **лежа́щее** на столе́ **письмо́** и прошёл ми́мо.
   Он уви́дит **лежа́щее** на столе́ **письмо́** и распеча́тает его́.

   Кто взял/ Кто ви́дел **лежа́вшее** на столе́ **письмо́**?
   Он нашёл/ найдёт **лежа́вшее** на столе́ **письмо́** под дива́ном.

2. Вы случа́йно не зна́ете **студе́нта, кладу́щего письмо́** на стол?
   На́до спроси́ть **студе́нта, положи́вшего письмо́** на стол, кому́ оно́ адресо́вано.

3. Я не тро́гала **поло́женного тобо́й** (на стол) **письма́**.
   Он не тро́нет **поло́женного тобо́й** (на стол) **письма́**.

4. Письмо́ **поло́жено** на стол. Письмо́ **бу́дет/бы́ло поло́жено** на стол.

Действи́тельный залóг настоя́щего вре́мени:

1. вид	тóлько глагóлы несоверше́нного ви́да
2. выраже́ние залóга	перехóдные и неперехóдные глагóлы
3. роль в предложе́нии	определе́ние (тóлько пóлная фóрма)
4. управле́ние	такóе же, как и у глагóла
5. сýффиксы	-ащ-/-ящ-; -ущ-/-ющ-

крича́ть	(крич+а́т)	крич+**а́щ**+ий
говори́ть	(говоря́т)	говор+**я́щ**+ий
писа́ть	(пи́шут)	пи́ш+**ущ**+ий
дава́ть	(даю́т)	да+**ю́щ**+ий
интересова́ться	(интересýются)	интересý+**ющ**+ий+ся

Действи́тельный залóг проше́дшего вре́мени:

1. вид	глагóлы несоверше́нного и соверше́нного ви́да
2. выраже́ние залóга	перехóдные и неперехóдные глагóлы
3. роль в предложе́нии	определе́ние
4. управле́ние	такóе же, как и у глагóла
5. сýффиксы	-вш-; -ш-

крича́ть		(крича́+л)	крича́+**вш**+ий
интересова́ться			интересова́+**вш**+ий+ся
вы́расти		(вы́рос)	вы́ро**с**+**ш**+ий
умере́ть		(ýмер)	ýме́**р**+**ш**+ий
вы́цвести	(-цвет**у**)	(вы́цвел)	вы́цве**т**+**ш**+ий
идти́	(и**д**ý)	(шёл)	ше́**д**+**ш**+ий

Страда́тельный залóг настоя́щего вре́мени:

1. вид	тóлько глагóлы несоверше́нного ви́да
2. выраже́ние залóга	тóлько перехóдные глагóлы
3. роль в предложе́нии	определе́ние (пóлная фóрма) и сказýемое (кра́ткая фóрма)
4. управле́ние	"де́ятель" в твори́тельном падеже́ (чита́емая на́ми кни́га; чита́емую на́ми кни́гу)
5. сýффиксы	-им-; -ем-

	люби́ть	(мы лю́бим)	люб+**и́м**+ый
	чита́ть	(мы чита́ем)	чита́+**ем**+ый
но:	дава́ть	(мы даём)	дава́+**ем**+ый

Страда́тельный залóг проше́дшего вре́мени:

1. вид	гла́вным óбразом (99%) глагóлы сов. вида
2. выраже́ние залóга	тóлько перехóдные глагóлы
3. роль в предложе́нии	определе́ние и сказýемое
4. управле́ние	"де́ятель" в твори́тельном падеже́
5. сýффиксы	

-анн-	сказа́ть	ска́з**анн**ый	наре́зать	наре́з**анн**ый
-янн-	потеря́ть	поте́р**янн**ый		
-ённ-	принести́	принес**ённ**ый	сжечь	сожж**ённ**ый
	изобрести́	изобрет**ённ**ый		
-енн-	укра́сть	укра́денный	купи́ть	кýпл**енн**ый
	покра́сить	покра́ш**енн**ый		
-т-	взять	взя́**т**ый	приня́ть	при́ня**т**ый
	запере́ть	за́пер**т**ый	приколóть	прикóло**т**ый
	опроки́нуть	опроки́ну**т**ый		

держать животных

Образова́ние прича́стий от глаго́лов, да́нных в э́том посо́бии

Следи́те за ударе́нием

Действи́тельный зало́г настоя́щего вре́мени

(-ащ-; -ящ-) (+ся)
(-ущ-; -ющ-) (+ся)

Второ́е спряже́ние (стр. 2-4)

крича́ть	(крич-а́т)	кричу́	крич-а́щ-ий
держа́ть	(де́рж-ат)	держу́	держ-а́щ-ий
гнать	(го́н-ят)	гоню́	гон-я́щ-ий
боя́ться	(бо-я́т-ся)	бою́сь	бо-я́щ-ий+ся
но:			
дыша́ть	(ды́ш-ат)	дышу́	ды́ш-ащ-ий
люби́ть	(лю́б-ят)	люблю́	лю́б-ящ-ий

Пе́рвое спряже́ние (стр. 4-9)

писа́ть	(пишу́)	пи́ш-ут	пи́ш-ущ-ий
драться	(деру́сь)	дер-у́т-ся	дер-у́щ-ий-ся
боро́ться	(борю́сь)	бо́р-ют-ся	бо́р-ющ-ий-ся
но:			
мочь	(могу́)	мо́г-ут	мог-у́щ-ий

Я знаю ребенка, могущего стоять на голове.

Действи́тельный зало́г проше́дшего вре́мени

-вш- (+ся); -ш- (+ся)

Второ́е спряже́ние (стр. 2-3)

крича́ть	крича́+л	крича́-вш-ий
оби́деть	оби́де+л	оби́де-вш-ий
роди́ться	роди́+л+ся	роди́-вш-ий+ся

Пе́рвое спряже́ние (стр. 3-9)

	1.	3.		
дра́ться			дра́+л+ся	дра́-вш-ий+ся
		5.		
нача́ть			на́чал	нача́-вш-ий
		6.		
заня́ть			за́нял	заня́-вш-ий
поня́ть			по́нял	поня́-вш-ий
	5.			
запере́ть			за́пер	за́пер-ш-ий
умере́ть			у́мер	у́ме́р-ш-ий
	7.			
		1.		
возни́кнуть			возни́к	возни́к-ш-ий
		2.		
осле́пнуть			осле́п	осле́п-ш-ий
кри́кнуть			кри́кнул	кри́кну-вш-ий
	8.			
дуть			дул	ду́-вш-ий

10.

увле́чь		увлёк	увлёк-ш-ий

11. **-д- -т-** в осно́ве:

идти́	(и**д**у)	шёл	ше́**д**ший
вести́	(ве**д**у́)	вёл	ве́**д**шии
изобрести́	(-е**т**у́)	изобрёл	изобре́**т**ший
вы́цвести	(-е**т**у)	вы́цвел	вы́цве**т**ший

но 12. **-д-**:

класть	(кла**д**у́)	клал	кла́-**вш**-ий
красть	(кра**д**у́)	крал	кра́**вш**ий
сесть	(ся́**д**у)	сел	се́**вш**ий
упа́сть	упа**д**у́)	упа́л	упа́**вш**ий

Изоли́рованные глаго́лы:

расти́	(рас**т**у́)	рос	ро́сший

-ста- -ва- -да- -зна- переходный!!! несов.!!!

Страда́тельный зало́г настоя́щего вре́мени
-м- (-ем-, -им-)

Второ́е и пе́рвое спряже́ние (стр.2-9)

гнать	гоню́	го́ним	гони́**м**ый
люби́ть	люблю́	лю́бим	люби́**м**ый
терпе́ть	терплю́	те́рпим	терпи́**м**ый
дава́ть	даю́	даём	дава́**ем**ый
критикова́ть	критику́ю	критику́ем	критику́**ем**ый
нести́	несу́	несём	несо́**м**ый
влечь	влеку́	влечём	влеко́**м**ый

+ом-

Страда́тельный зало́г проше́дшего вре́мени:

-анн-/-янн-	Пе́рвое спряже́ние
-анн-/-янн-, -ённ-,-енн-,-т-	Пе́рвое и Второ́е спряже́ние

Второ́е спряже́ние (стр. 2-3)

1. *1,2*

услы́ш**а**ть	услы́шу	услы́шишь	услы́ш**анн**ый
загн**а́**ть	загоню́	заго́нишь	за́гн**анн**ый

2.

просмотре́ть	-смотрю́	-смо́тришь	просмо́тр**енн**ый
уви́деть	уви́жу	уви́дишь	уви́д**енн**ый
оби́деть	оби́**ж**у	оби́дишь	оби́ж**енн**ый

3. *1.*

накури́ть	накурю́	наку́ришь	наку́р**енн**ый
купи́ть	куплю́	ку́пишь	ку́пл**енн**ый
встре́тить	встре́чу	встре́тишь	встре́ч**енн**ый
запрети́ть	запрещу́	запрети́шь	запрещ**ённ**ый

разбуди́ть	разбу**жу́**	разбу́дишь		разбу́**ж**енный (нес. бу**ди́**ть)
возбуди́ть	возбу**жу́**	возбуди́шь		возбу**ждённ**ый
покра́сить	покра́**шу**	покра́сишь		покра́**ш**е**нн**ый
	Пе́рвое спряже́ние (стр. 4-9)			
	1. *1,2,3,4*			
слома́ть	слома́ю		слома́л	сло́ма**нн**ый
спря́тать	спря́чу		спря́тал	спря́та**нн**ый
отре́зать	отре́жу		отре́зал	отре́за**нн**ый
сказа́ть	скажу́		сказа́л	ска́за**нн**ый
собра́ть	соберу́		собра́л	со́бра**нн**ый
сорва́ть	сорву́		сорва́л	со́рва**нн**ый
	1. *5,6*			
	4. *1,2,3*			
нача́ть			на́чал	на́ча**т**ый
взя́ть			взял	взя́**т**ый
поня́ть			по́нял	по́ня**т**ый
согре́ть			согре́л	согре́**т**ый
оде́ть			оде́л	оде́**т**ый
спеть			спел	спе́**т**ый
	5. *2.*			
проли́ть			про́ли́л	про́ли́**т**ый
побри́ть			побри́л	побри́**т**ый
ушиби́ть	ушибу́		уши́б	уши́**бле**нный
	7. *2.*			
	8.			
	9.			
обману́ть	обману́	обма́нешь		обма́ну**т**ый
наду́ть	наду́ю	наду́ешь		наду́**т**ый
приколо́ть	приколю́	прико́лешь		прико́ло**т**ый
смоло́ть	смелю́	сме́лешь		смо́ло**т**ый
но:				
заверну́ть	заверну́	заверн**ё**шь		зав**ё**рну**т**ый
	10.			
увле́чь	увлеку́	увле**ечёшь**		увле**чённ**ый
испе́чь	испеку́	испе**чёшь**		испе**чённ**ый
сжечь	сожгу́	со**жжёшь**		сож**жённ**ый
но:				
подстри́чь	подстригу́	подстри**жёшь**		подстри́**ж**е**нн**ый
	11.			
привести́	приве**ду́**	приведёшь		приве**дённ**ый
изобрести́	изобре**ту́**	изобретёшь		изобре**тённ**ый
спасти́	спасу́	спасёшь		спа**сённ**ый

	12.			
укра́сть	украду́	украдёшь		укра́денный
	13.			
покры́ть			покры́л	покры́тый
вы́мыть			вы́мыл	вы́мытый
прожи́ть			про́жил	про́жи́тый

Изоли́рованные глаго́лы (стр.10)

съесть	съе́денный
забы́ть	забы́тый
прокля́сть	про́клятый

Упражне́ние 18.

Образу́йте прича́стия **действи́тельного зало́га настоя́щего вре́мени** от сле́дующих глаго́лов:

зави́довать	интересова́ть	танцева́ть	молча́ть	стричь	печь
боро́ться	смея́ться	здоро́ваться	сади́ться	нести́	греть
задава́ть	узнава́ть	продава́ть	издава́ть	жить	спать
крича́ть	дрожа́ть	писа́ть	лежа́ть	бежа́ть	ре́зать
лете́ть	сиде́ть	плати́ть	говори́ть	класть	крыть
встреча́ть	провожа́ть	люби́ть	цвести́	жечь	лить
бри́ться	сове́товать	зави́сеть	бере́чь	брать	течь
мыться	тере́ть	красть	пить	вести́	расти́

Образу́йте прича́стия **действи́тельного зало́га проше́дшего вре́мени**:

осле́пнуть	привы́кнуть	запере́ть	отдохну́ть	лечь
изобрести́	улыбну́ться	пога́снуть	танцева́ть	сжечь
вы́цвести	умере́ть	сади́ться	боя́ться	жить
продава́ть	укра́сть	упа́сть	съесть	вы́пить
спасти́	исче́знуть	нести́	расти́	везти́

Образу́йте прича́стия **страда́тельного зало́га настоя́щего вре́мени**:

люби́ть	издава́ть	задава́ть	чита́ть	ви́деть

Образу́йте прича́стия **страда́тельного зало́га проше́дшего вре́мени**:

/-**нн**-ый/

изобрази́ть	заинтересова́ть	написа́ть	наре́зать	зада́ть
покра́сить	произвести́	сказа́ть	укра́сить	сжечь
изобрести́	наброса́ть	набро́сить	подстри́чь	найти́
освети́ть	освободи́ть	разбуди́ть	оби́деть	увле́чь
постро́ить	накорми́ть	спря́тать	укра́сть	съесть
заплати́ть	запрети́ть	посла́ть	купи́ть	пройти́
сбере́чь	оглуши́ть	ослепи́ть	сни́зить	

/-**т**-ый/

заверну́ть	опроки́нуть	согну́ть	спеть	взять
приколо́ть	смоло́ть	стере́ть	запере́ть	снять
побри́ть	нали́ть	приби́ть	прожи́ть	оде́ть
нача́ть	подогре́ть	откры́ть	поня́ть	вы́мыть

Упражне́ние 19. Отрабо́тайте по образцу́.

Обра́зе́ц: Семья́ **живёт** в том до́ме.
Мы помогли́ семье́, **живу́щей в том до́ме**.

1. Вы ви́дели семью́, ______________________?
2. Вы не знако́мы с семьёй, ______________________?
3. Вы что́-нибудь зна́ете о семье́, ______________________?
4. Мы посове́товали семье́, ______________________, завести́ соба́ку.
5. Он жа́луется на семью́, ______________________.

Студе́нт **говори́т** по-ру́сски.

1. Они́ познако́мились со студе́нтом, **говоря́щим** по-ру́сски.
2. Все смотре́ли на студе́нта, ______________________.
3. На́до спроси́ть Ко́лю о студе́нте, ______________________.
4. Он помо́г студе́нту, ______________________.
5. Они́ заинтересова́лись студе́нтом, ______________________.

Учи́тель то́лько что **прие́хал** из Япо́нии.

1. Мы идём послу́шать учи́теля, то́лько что **прие́хавшего** из Япо́нии.
2. Они́ о́чень заинтересо́вались учи́телем, ______________________.
3. Он помо́г учи́телю, ______________________.
4. Разгово́р шёл об учи́теле, ______________________.

Упражне́ние 20. Напиши́те инфинити́вы глаго́лов, от кото́рых образо́ваны сле́дующие прича́стия:

пою́щий	приглашённый	тру́щий	оби́женный	пёкший
спе́тый	натёртый	бри́тый	испечённый	лью́щий
мо́ющий	разбу́женный	съе́денный	ослеплённый	вы́тертый
вы́мытый	горя́щий	съе́вший	освобождённый	у́ме́рший
сове́тующий	осле́пший	спя́щий	на́йденный	люби́мый
пи́шущий	сни́женный	издава́емый	покра́шенный	даю́щий
ска́занный	опроки́нутый	вы́цветший	застёгнутый	уби́тый
ро́сший	проводи́мый	гони́мый	укра́денный	сня́тый

Упражне́ние 21. Замени́те прида́точные предложе́ния прича́стными оборо́тами. Поста́вьте вопро́с к определя́емому сло́ву.

Наприме́р: Не меша́й студе́нту, **кото́рый пи́шет** письмо́.
Не меша́й студе́нту, **пи́шущему** письмо́. (како́му студе́нту?)

1. Ка́тя подняла́ ребёнка, кото́рый упа́л с велосипе́да.
2. Па́рня, кото́рый съел каки́е-то стра́нные грибы́, увезли́ в больни́цу.
3. Гро́мкий смех, кото́рый нас всех разбуди́л, доноси́лся из ку́хни.
4. Го́сти, кото́рых разбуди́л стра́шный шум, вы́бежали из свои́х ко́мнат.
5. В письме́, кото́рое получи́ла Катя, бы́ли де́ньги.
6. Вы слы́шали о льве, кото́рый испуга́лся мы́ши?
7. Вы слы́шали о льве, кото́рого испуга́ла мышь?
8. Всё покрыва́ется пы́лью, кото́рую поднима́ют грузовики́, проходя́щие ми́мо на́шего до́ма.

Упражне́ние 22. Переде́лайте предложе́ния по образцу́. Обрати́те внима́ние на прямо́е дополне́ние и подлежа́щее.

Образе́ц: Кто́-то купи́л **ла́мпу**. **Ла́мпа** ку́плена.

1. Кто́-то уби́л льва.
2. Кто-то разби́л окно́.
3. Кто-то нашёл де́ньги.
4. Кто-то покра́сил дверь.
5. Кто́-то напеча́тал статью́.
6. Кто-то раздави́л муравья́.
7. Кто-то опроки́нул ва́зу.
8. Кто-то вы́мыл посу́ду.

Образе́ц: **Ла́мпу** купи́ли. **Ла́мпа** ку́плена.

1. Ку́клу спря́тали.
2. Свет погаси́ли.
3. Две́ри за́перли.
4. Ребя́т подстри́гли.
5. Пальто́ застегну́ли.
6. Зда́ние постро́или.
7. Отме́тки поста́вили.
8. Кварти́ру убра́ли.

Упражне́ние 23. Вме́сто про́пусков впиши́те прича́стие, образу́я его́ от глаго́ла, да́нного в ско́бках.
Поста́вьте вопро́сы — к определе́нию **како́й?**
— к сказу́емому **что ска́зано** о ....?

Наприме́р: (**писа́ть/написа́ть**)

а. Статью́, **напи́санную** Ивано́вым, никто́ из нас не чита́л.
Каку́ю статью́?
б. Его́ статья́ ещё **не напи́сана.**
Что ска́зано о статье́?

1. (**продава́ть/прода́ть**)

а. Он останови́лся поговори́ть со стару́шкой, ________ цветы́.

б. ________ в том магази́не зи́мние пальто́, сли́шком дороги́.

в. Кни́ги, кото́рые ты хоте́л купи́ть, уже́ ________.

2. (**красть/укра́сть**)

а. Что де́лать с подро́стками, ________ ве́щи в магази́нах?

б. Её су́мка была́ ________ в пя́тницу.

3. (**приноси́ть/принести́**)

а. Де́ти обра́довались го́стю, ________ конфе́ты.

б. Де́ти бы́ли в восто́рге от ________ Ко́лей игру́шек.

4. (**де́лать/сде́лать**)

а. Опера́ция, ________ тем врачо́м, прошла́ о́чень успе́шно.

б. Мы о́чень дово́льны молоды́м врачо́м, ________ э́ту опера́цию.

в. Вся рабо́та уже́ ________ ; мо́жно отдохну́ть.

5. (**получа́ть/получи́ть**)

а. ________ институ́том газе́ты, мы раздаём студе́нтам.

б. Оля, с ________ из до́ма сни́мками, подбежа́ла ко мне.

в. Оказа́лось, что письмо́ бы́ло ________ в пя́тницу. Но он об э́том не знал.

г. Мы поздра́вили не то́лько Джо́на, но и всех, ________ награ́ду.

Упражне́ние 24. Замени́те прида́точные предложе́ния прича́стными оборо́тами.

Наприме́р: Меня́ интересу́ют о́пыты, <u>кото́рые прово́дятся</u> в том институ́те.
Меня́ интересу́ют о́пыты, <u>проводи́мые</u> в том институ́те.

1. Кому́ интере́сны вопро́сы, <u>кото́рые обсужда́ются</u> на ва́ших собра́ниях?

2. Мы интересу́емся одно́й кни́гой, <u>кото́рая издаётся</u> ва́шим институ́том.

3. Что вы зна́ете о холоди́льниках, <u>кото́рые выпуска́ются</u> зде́шним заво́дом?

Упражне́ние 25. Замени́те там, где возмо́жно, прида́точные предложе́ния прича́стными оборо́тами.

1. Вы знако́мы с учи́телем, **кото́рый ведёт ребя́т в музе́й?**
2. Статью́, **в кото́рой пи́шут о Ми́ше**, мы тебе́ посла́ли во вто́рник.
3. Я говорю́ о студе́нте, **кото́рого пригласи́ли на приём.**
4. Я говорю́ об аспира́нте, **с кото́рым ты ещё не знако́м.**
5. Расска́з был о Гри́ше, **кото́рый роди́лся три го́да тому́ наза́д.**
6. Расска́з был о Гри́ше, **кото́рому испо́лнилось три го́да.**
7. Не бо́йся соба́к, **кото́рые бегу́т по тротуа́ру.**
8. Гри́ша смо́трит на ня́ню, **кото́рая пьёт чай**, и ему то́же хо́чется ча́ю.

Дееприча́стие

Общие ведения

Дееприча́стием называ́ется неизменя́емая фо́рма глаго́ла, кото́рая обознача́ет доба́вочное де́йствие, поясня́ющее основно́е, вы́раженное глаго́лом-сказу́емым. Подо́бно наре́чию, дееприча́стие не склоня́ется, не спряга́ется и не выража́ет вре́мени.

Дееприча́стие име́ет вид (несоверше́нный и соверше́нный) и мо́жет управля́ть имена́ми существи́тельными.

Дееприча́стие несоверше́нного ви́да обознача́ет доба́вочное де́йствие, кото́рое происхо́дит одновре́менно с де́йствием, вы́раженным глаго́лом-сказу́емым.

Дееприча́стие соверше́нного ви́да обознача́ет доба́вочное де́йствие, кото́рое предше́ствовало де́йствию, вы́раженному глаго́лом-сказу́емым.

Де́йствие, вы́раженное дееприча́стием, всегда́ отно́сится к тому́ же субъе́кту, что и де́йствие глаго́ла-сказу́емого.

Образова́ние дееприча́стий несоверше́нного ви́да:

-а/-я

чита́ть	(они чита́+ют)	чита́я
говори́ть	(они говор+я́т)	говор**я́**
крича́ть	(они крич+ат)	крич**а́**
но:	дава́ть (они да+ю́т)	дава́я

Дееприча́стия, образо́ванные от глаго́лов с части́цей **-ся**, име́ют на конце́ части́цу **-сь**:

боя́ться	боя́**+сь**
интересова́ться	интересу́**я+сь**

Сле́дующие гру́ппы глаго́лов и отде́льные глаго́лы почти́ никогда́ не образу́ют дееприча́стий:

1) -нуть
2) -ий- (пить, бить, лить, шить)
3) -чь (мочь, печь)
4) писа́ть, бежа́ть

Обрати́те внима́ние, что от глаго́лов

быть	испо́льзуется	**бу́дучи**
ждать		**ожида́я**
смотре́ть		**гля́дя**
хоте́ть		**жела́я**

Образова́ние дееприча́стий соверше́нного ви́да:

-в, -ши, -шись, -а/-я

прочита́ть	прочита́-л	прочита́+**в**
вы́расти	вы́рос	вы́рос**ши**
исче́знуть	исче́з	исче́зну**в**
засме́яться	засме́я-л-ся	засме́я+**в**+**шись**

Обрати́те внима́ние на образова́ние дееприча́стий от сле́дующих глаго́лов движе́ния соверше́нного ви́да:

прийти́	(прише́дши)	прид**я́**
войти́		войд**я́**
привести́		привед**я́**

Упражне́ние 26. Воспроизведи́те инфинити́вы, от кото́рых образо́ваны да́нные дееприча́стия:

дава́я	пря́ча	боя́сь	загляну́в	улыба́ясь
любя́	гуля́я	войдя́	стуча́	спря́тав
мо́ясь	бу́дучи	входя́	здоро́ваясь	сове́туя
придя́	окупа́я	спа́сши	поздоро́вавшись	посове́товав

Упражне́ние 27. Образу́йте дееприча́стия:

быть	запла́кать	встава́ть	улыба́ться	улыбну́ться
мы́ться	сади́ться	прийти́	смея́ться	здоро́ваться
войти́	входи́ть	встать	расста́ться	расстава́ться
упа́сть	боя́ться	отдохну́ть	проща́ться	

Упражне́ние 28. Замени́те предложе́ния с двумя́ сказу́емыми предложе́ниями с дееприча́стным оборо́том.

Наприме́р: Де́ти **бе́гали** по са́ду и смея́лись.
Бе́гая по са́ду, де́ти смея́лись

1. Ко́ля **мылся** в ва́нной и гро́мко пел.
2. Граф Дра́кула прия́тно **улыбну́лся** и поздоро́вался.
3. Ко́ля **чита́ет** у окна́ и ест я́блоко.
4. Малы́ш **упа́л** с велосипе́да и запла́кал.
5. Мы **расстава́лись** с друзья́ми и пла́кали.
6. Мы **гуля́ли** по па́рку и ти́хо разгова́ривали.

Упражне́ние 29. Замени́те прида́точные предложе́ния дееприча́стными оборо́тами.

Наприме́р: **Когда́ Ко́ля вошёл в ко́мнату**, он уви́дел ко́шку.
(прида́точное предложе́ние)
Войдя́ в ко́мнату, Ко́ля уви́дел ко́шку.
(дееприча́стный оборо́т)

1. Ри́та бежа́ла, **потому́ что боя́лась опозда́ть.**
2. **Когда́ он верну́лся домо́й**, он сра́зу же позвони́л мне.
3. **Когда́ Ко́ля разгова́ривает по телефо́ну**, он сади́тся на́ пол.
4. Ко́ля снял пальто́, **по́сле того́ как вошёл в ко́мнату**.
5. **Если ты хорошо́ отдохнёшь ле́том**, то бу́дешь хорошо́ учи́ться зимо́й.
6. Граф Дра́кула изуча́ет ру́сский язы́к, **потому́ что он интересу́ется ру́сским фолькло́ром.**

Упражне́ние 30. Замени́те там, где возмо́жно, прида́точные предложе́ния дееприча́стными оборо́тами.

1. **Если Ко́ля не понима́л вопро́са**, он про́сто улыба́лся.
2. **Так как она́ люби́ла ката́ться на конька́х**, мы все пое́хали на като́к.
3. **Когда́ Ми́тя проща́лся**, он до́лго смотре́л Ка́те в глаза́.
4. **Когда́ Оля прие́хала домо́й**, она́ уви́дела на столе́ письмо́.
5. **Когда́ мы шли домой**, шёл дождь.

Часть II-ая

Глаго́лы с постфи́ксом -ся/-сь

Возвратные Глаголы

S

прямое дополнения

Obj

Вин. пад.
что/кого?

переходные

S

-ся = себя

ex - бриться

Verbs with the postfix -ся/-сь

The purpose of this compilation of vocabulary and exercises is both to unify the **-ся/-сь** verbs under one heading and to divide them into groups according to their lexical meaning. Working with these "reflexive" verbs will expand your knowledge of useful vocabulary and of passive constructions. You will acquire a more sophisticated understanding of the Russian text and a greater facility in translation.

Before working with this verb group, check what your grammars have to say about transitivity and voice, the two relevant grammar points in dealing with "reflexive" verbs. Most likely you will find that transitive and intransitive verbs are normally distinguished from each other by their lexical meaning, rather than by a special morphological element (ex. 1,2); that a transitive verb takes a direct object (a person or thing which is directly affected by the action of a verb); and that **-ся/-сь** functions as a grammatical marker of intransitivity (ex. 3,4).

1. Он ви́дит соба́ку. (trans.) — He sees a dog.
2. Он пло́хо ви́дит. (intr.) — He doesn't see well.

The transitive verb becomes intransitive whenever the postfix is added.

3. Это меня́ интересу́ет.(trans.) — This interests me.
4. Я интересу́юсь э́тим. (intr.) — I am interested in this.

To refresh your memory on the active and passive voice look at the following examples:

1. The students are reading this story.
   active voice (subject/transitive verb/direct object)
2. This story is being read by the students.
   passive voice
   (a) The object in the 1st sentence now becomes the subject (This story);
   (b) verb turns into - to be + a participle (is being read);
   (c) the former subject becomes a complement + by (by the students).
3. He wrote this article. This article was written by him.

Распределе́ние глаго́лов с постфи́ксом -ся/-сь по значе́нию:

Раздел I	глаго́лы, кото́рые без -ся не употребля́ются
Раздел II	глаго́лы с со́бственно-возвра́тным значе́нием
Раздел III	глаго́лы с взаи́мно-возвра́тным значе́нием
Раздел IV	глаго́лы с о́бще-возвра́тным значе́нием
Раздел V	безли́чные глаго́лы
Раздел VI	глаго́лы с пасси́вно-ка́чественным значе́нием
Раздел VII	глаго́лы и прича́стия пасси́вной констру́кции

Раздéл I. <u>Глагóлы, котóрые без -ся не употребля́ются:</u>
[<u>-ся is an inherent part of these verbs; they have no transitive counterpart.</u>]

1.	боя́ться	когó/чегó?	be afraid (of)
2.	борóться	прóтив когó/чегó? с кем/с чем?	struggle against, with
3.	влюбля́ться/влюби́ться	в когó/во что?	fall in love
4.	горди́ться	кем/чем?	be proud of
5.	догáдываться/догадáться	по чему́? о чём?	guess, surmise
6.	жáловаться/по-	на когó/на что?	complain about
7.	заступáться/заступи́ться	за когó/за что?	intercede
8.	казáться/по-	кем/чем?	appear to be
9.	касáться/косну́ться	когó/чегó?	touch, concern
10.	кáяться/по-, рас-	кому? в чём?	repent
11.	лени́ться/по-,раз-		be, become lazy, idle
12.	ложи́ться/[лечь]	куда? где?	lie down
13.	любовáться/по-,за-	кем/чем?	admire, feast one's eyes on
14.	надéяться/по-	на кого/на что?	hope for, rely on
15.	наслаждáться/наслади́ться	чем?	enjoy, take pleasure in
16.	нрáвиться/по-	кому?	like, enjoy
17.	нуждáться	в ком/в чём?	be in need of
18.	оставáться/остáться	где? кем/чем?	remain, stay
19.	ошибáться/ошиби́ться	в ком/в чём? (чем?) двéрью	make a mistake in get the wrong door
20.	появля́ться/появи́ться	где? откуда?	appear;emerge;show up
21.	просыпáться/просну́ться		wake up
22.	случáться/случи́ться	с кем?	happen to
23.	смея́ться/по-	над кем/над чем?	laugh
24.	старáться/по-		try
25.	станови́ться/[стать]	кем/чем?	become
26.	стреми́ться	к чему́? кудá?	strive, aspire
27.	толпи́ться		crowd, cluster
28.	труди́ться/по-	над чем?	work, toil, labor
29.	улыбáться/улыбну́ться	кому́? на что?	smile
30.	услóвливаться/услóвиться	с кем?	arrange, agree on
31.	явля́ться	кем/чем?	be (linking verb)
	явля́ться/яви́ться	(кудá?)на рабóту	arrive, report for work, show up

Нéкоторые глагóлы э́того раздéла имéют <u>взаимно-возврáтное значéние</u>
[Some verbs from this group have <u>reciprocal meaning</u>.]

1.	борóться	прóтив когó/чегó? с кем?с чем?	fight, struggle, wrestle (with)
2.	здорóваться/по-	с кем?	greet, say hello
3.	расставáться/расстáться	с кем/с чем?	part (with, from)
4.	сопротивля́ться	кому́/чему́?	resist
5.	соревновáться	с кем/с чем?	compete

Нéсколько глагóлов э́того раздéла принадлежáт к **безли́чным** глагóлам.
[A few verbs from this group are **impersonal**.] (Раздéл V стр.47).

1.	нездорóвиться	кому́?	feel unwell
2.	смеркáться		be getting dark

Упражне́ние 31. Переведи́те на ру́сский язы́к.

1. He's a very strange fellow. I've never seen him smile, laugh, or say hello to anyone. (Никогда́ не ви́дел/-а, что́бы он ....)
2. Our two teams have been competing for at least 10 years.
3. Stop being so lazy! At least help me wash the dishes.
4. - Why were there so many people coming to your house yesterday?
   - Oh, those were the students who came to say good-bye before leaving for home. It was hard parting with them. We might never see each other again. (Возмо́жно, что мы ...)
5. Grisha's mother touched his forehead and smiled. His fever was gone.
6. Of course these people need money; who doesn't? But they need your moral support more.
7. Sorry, I must have dialed the wrong number.
8. How could we have been so wrong about this fellow!
9. I remain your friend and admirer.
10. She is becoming (turning out to be) a pretty good actress.
11. It was getting dark, and the kids had not come back yet. Mother tried not to show her feelings, but we could guess by the way she talked that she was worried.
12. Ivan didn't know what was wrong, but he didn't feel well.
13. Dan told us that our foreign guests, the Ivanovs, liked the play.
14. Although I woke up several times during the night, I immediately went back to sleep.
15. We had such a wonderful time yesterday. We enjoyed the concert and admired the view of the lake. Thanks for inviting us over.
16. I tried to explain all this in Russian, but couldn't.
17. I'll try to finish this article by Tuesday.
18. There is nothing to be afraid of; calm down.
19. The food in the dorms seems o.k. to me, but the students complain about it all the time. (По-мо́ему, в столо́вой ко́рмят дово́льно прилично. Но ...)

Раздел II. Глаго́лы, ука́занные в э́том разде́ле, име́ют <u>со́бственно-возвра́тное (пря́мо-возвра́тное) значе́ние.</u>
[<u>Reflexive verbs</u> - the action of the verb "reflects" back on the performer of the action. Every verb in this group has a transitive counterpart.]

<u>Значе́ние -ся в данных глаго́лах бли́зко к значе́нию местоиме́ния "себя"</u>

1.	бри́ться/по-	shave (oneself)
2.	вытира́ться/вы́тереться	wipe oneself dry
3.	купа́ться/вы-	bathe (oneself)
4.	мы́ться/по-,вы-,у-	wash (oneself),wash up
5.	обува́ться/обу́ться	put one's shoes on
6.	одева́ться/оде́ться	dress (oneself), get dressed
7.	причёсываться/причеса́ться	comb one's hair
8.	пу́дриться/по-,на-	powder (oneself)
9.	раздева́ться/разде́ться	undress (oneself), get undressed
10.	разува́ться/разу́ться	take one's shoes off
11.	защища́ться/защити́ться от кого́/от чего́?	defend, protect oneself from
12.	пря́таться/с- от кого́/от чего́?	hide (oneself) from

К не́которым глаго́лам **-ся** по значе́нию возвра́тности не присоединя́ется; для выраже́ния возвра́тности по́сле них испо́льзуется возвра́тное местоиме́ние 'себя́'. Если к глаго́лу возмо́жно присоединить **-ся**, то он приобрета́ет не́сколько друго́е значе́ние, наприме́р:

ви́деть/у- себя́	Он уви́дел себя́ в зе́ркале и улыбну́лся. He saw himself in the mirror and smiled.
ви́деться/у-	Они́ ча́сто ви́делись в библиоте́ке. They often met /saw each other/ at the library.

1. ви́деть/у-	себя́	see yourself
2. жале́ть/по-	себя́	feel sorry for yourself
3. заставля́ть/ заста́вить	себя́	compel, force, make yourself do something
4. знать/по-	себя́	know yourself
5. люби́ть	себя́	love yourself
6. руга́ть/по-	себя́	scold, curse yourself
7. уважа́ть	себя́	respect yourself
8. упрека́ть/упрекну́ть	себя́	reproach yourself
9. чу́вствова́ть	себя́	feel

Упражне́ние 32. Вме́сто про́пусков впиши́те глаго́лы, да́нные в скобках, с постфиксом **-ся** и́ли без него́.

1. (уважа́ть)
   Никто́ тебя́ уважа́ть не бу́дут, е́сли ты сам себя́ не __________!

2. (причёсывать/причеса́ть)
   а) Подожди́ меня́, я то́лько причешу́сь и бу́ду гото́в/-а.
   б) Кто тебя́ так ди́ко причесал?
   в) Когда́ мы вошли́ в пала́ту, медсестра́ причёсывала больно́го.

3. (пря́тать/с-)
   а) Со́лнце спря́талось за ту́чу.
   б) Я сам/-а́ спрятала от себя́ конфе́ты; мне на́до похуде́ть. (≠ поправиться)
   в) Не спрячьтесь от меня́. Я зна́ю, что вы где-то здесь!

4. (вытира́ть/вы́тереть)
   а) Если ты уже́ __________ ру́ки, переда́й полоте́нце бра́ту.
   б) Пусть Ма́ша __________ пыль и вообще́ приберётся.
   в) Я бу́ду мыть посу́ду, а ты __________.

5. (брить/по-,с-)
   а) Ко́ля __________ усы́ и бо́роду? Интере́сно, почему́.
   б) Па́па сейча́с __________, не беспоко́й его. Он __________ и поговори́т с тобо́й.
   в) Больно́й слаб и не мо́жет сам __________. На́до его́ ______.

6. (купа́ть/вы́-)
   а) Ле́том прия́тно __________ в о́зере.
   б) Не меша́й ма́ме - она́ __________ малыша́.
   в) Вода́ в э́том о́зере уже́ тёплая: мо́жно __________.

7. (мыть/по-,вы́-)
   а) __________ ру́ки и сади́сь за стол.
   б) Когда́ ты бу́дешь __________ го́лову?
   в) Спаси́бо, ребя́та, за то, что __________ посу́ду.
   г) Когда́ Серёжа __________, зазвони́л телефо́н.

Упражне́ние 32. Переведи́те на ру́сский язы́к.

1. Take your coat off and come on in. They are waiting for you in the living room.
2. We used to see each other at least once a week.
3. Just look at you! You're covered with mud! Go wash up!
4. I want to help you. Let me at least wipe the dust off the furniture.
5. Please don't leave this pie here. Take it away, hide it, or I'll eat it. I know myself.
6. Ann is such a slow dresser. If we wait for her, we'll be late for the concert.
7. I was sick last week. But now I feel much better, thank you.

Раздел III. Глаго́лы э́того разде́ла име́ют <u>взаи́мно-возвра́тное значе́ние</u> (взаимоде́йствие субъе́кта и объе́кта). [Verbs with <u>reciprocal meaning</u>.]

Глаго́лы с взаи́мно-возвра́тным значе́нием ука́зывают на совме́стное де́йствие двух или не́скольких лиц. Де́йствие и́ли перехо́дит с одного́ лица́ на друго́е (обнима́ться, целова́ться) и́ли про́сто соверша́ется совме́стно (встреча́ться).

Глаго́лы, облада́ющие э́тим значе́нием, мо́жно раздели́ть на три гру́ппы:

А. Глаго́лы, кото́рые не изменя́ют своего́ лекси́ческого значе́ния с присоедине́нием постфи́кса **-ся**;
Б. Глаго́лы, кото́рые изменя́ют своё лекси́ческое значе́ние с присоедине́нием постфи́кса *-ся*;
В. Глаго́лы, кото́рые без **-ся** не употребля́ются.

А. [Verbs that do not change their meaning when **-ся** is added.]

1. встреча́ться/встре́титься	с кем/с чем?	meet, see, encounter
2. знако́миться/по-	с кем/с чем?	be introduced
3. мири́ться/по-, при-	с кем/с чем?	reconcile, resign oneself
4. руга́ться/по-	с кем?	call names, swear
5. сове́товаться/по-	кем?	consult
6. целова́ться/по-	с кем?	kiss

перехо́дные глаго́лы без постфи́кса -ся

1. встреча́ть	кого́/что?
2. знако́мить	кого́? с кем?
3. мири́ть	кого? с кем?
4. руга́ть	кого/что?
5. сове́товать	что? кому́?
6. целова́ть	кого?

Б. [Verbs that change their meaning when **-ся** is added.]

1. догова́ривать/договори́ть	что?	finish saying something
догова́риваться/	с кем?	negotiate, come to an agreement;
договори́ться	до чего́?	speak until
2. перепи́сывать/переписа́ть	что?	rewrite
перепи́сываться	с кем?	correspond with

3. проща́ть/прости́ть — кого́? forgive; кому́? pardon; absolve

проща́ться/по-; прости́ться — с кем? — say good-bye

4. Он получи́л письмо́. — He received a letter.
Получи́лась кака́я-то глу́пость. — Something stupid came out of it.

5. Он попа́л в нело́вкое положе́ние. — He found himself in an awkward situation.

Он попа́лся. — He was caught.

Мне попа́лась э́та кни́га соверше́нно случа́йно. — I came across this book quite by accident.

6. Дом состои́т из семи́ ко́мнат. — The house has (is composed of) seven rooms.

Конце́рт состоя́лся 5-го ма́я. — The concert (was held) took place on May 5th.

7. справля́ть/спра́вить день рожде́ния (пра́здновать/от-) — to celebrate one's birthday

справля́ться/спра́виться — с кем/с чем? cope with, be able to handle; в чём? где? get information from, in, at; о ком/о чём? get information about

B. [The following verbs are never used without **-ся**.]

1.	влюбля́ться/влюби́ться	в кого́/во что?	fall in love with
2.	боя́ться	кого́/чего́?	be afraid of
3.	здоро́ваться/по-	с кем?	greet, say hello
4.	соглаша́ться/согласи́ться	с кем/с чем? на что?	agree with/on
5.	соревнова́ться	с кем?	compete
6.	усло́вливаться/усло́виться	с кем? на что?	arrange, agree on,settle

Значе́ние совме́стности выража́ют не́которые приста́вочные глаго́лы движе́ния:

сходи́ться/сойти́сь на за́втрак; во мне́ниях
gather/come down for breakfast; have similar views

съезжа́ться/съе́хаться на конфере́нцию
gather/drive up/fly in/ assemble for a conference

сбежа́ться к ме́сту ава́рии
come running to the scene of the accident

Есть глаго́лы, в кото́рых я́рко вы́ражено взаймно-возвра́тное значе́ние, но к кото́рым **-ся** не присоединя́ется:

бесе́довать	с кем-то	chat with
дружи́ть	с кем-то	chum, pal around with
разгова́ривать	с кем-то	talk/converse with/
спо́рить	с кем-то	argue with

Наприме́р
- Они́ спо́рят?
- Нет, про́сто гро́мко разгова́ривают.

Значе́ние взаи́мности мо́жет передава́ться слова́ми <u>друг дру́га</u>:

Они́ лю́бят <u>друг дру́га.</u>	They love each other.
Они́ помога́ют <u>друг дру́гу.</u>	They help each other.

Упражне́ние 34. Вы́берите подходя́щий по смы́слу глаго́л и испо́льзуйте его́ с постфи́ксом **-ся** и́ли без него́.

А. (посове́товать, договори́ть, бесе́довать, проща́ть, целова́ть, руга́ть)

1. Высо́кий челове́к ____________ то с Гри́шиной ня́ней, то с куха́ркой.
2. Не ____________ ва́шего сы́на, он ни в чём не винова́т.
3. Нам пора́ идти́; ____________ с хозя́евами и пойдём.
4. Ему́ не́ с кем бы́ло ____________, не́ с кем бы́ло поговори́ть.
5. Тако́й оби́ды он тебе́ никогда́ не ____________.
6. ________________, что мне купи́ть Ири́не на день рожде́ния.
7. Дай мне ____________, дай мне вы́сказать своё мне́ние.

Б.(познако́мить, встреча́ть, переписа́ть, влюби́ться, боя́ться, здоро́ваться)

1. Ка́тя хо́чет ____________ с но́вым аспира́нтом. Хо́чет, что́бы я её с ним ____________.
2. Почему́ она́ с тобо́й не ______________? Вы поссо́рились?
3. В ва́шем сочине́нии есть оши́бки, но вы мо́жете его́ не __________,е́сли не хоти́те.
4. Де́ти, не ____________ соба́ки. Она́ не куса́ется.
5. Они́ уже́ давно́ ______________. Перепи́ска начала́сь лет 10 наза́д.
6. Он не до́ма; он пое́хал на вокза́л ______________ сестру́.
7. Он стра́шно влю́бчивый. Вот опя́ть в кого́-то ________________.

Разде́л IV. Глаго́лы с <u>о́бще-возвра́тным значе́нием</u> пока́зывают, что де́йствие сосредото́чено, за́мкнуто в само́м де́ятеле.

[<u>General-reflexive verbs.</u> The action of these verbs with **-ся** is concentrated in the doer, performer himself/itself. As usual with the addition of the postfix, the verb becomes intransitive.]

Среди́ глаго́лов с обще-возвра́тным значе́нием мо́жно вы́делить не́сколько бо́лее конкре́тных значе́ний:

А. движе́ние, перемеще́ние в простра́нстве

Б. измене́ние состоя́ния

В. вну́треннее, душе́вное состоя́ние производи́теля де́йствия

Г. нача́ло, продолже́ние, коне́ц действия

Д. глаго́лы - бра́ться, включа́ться, принима́ться за де́ло

А. движе́ние, перемеще́ние в простра́нстве

1.	броса́ться/бро́ситься	куда́? на кого́?	plunge, throw oneself at
2.	враща́ться	где? вокру́г чего́?	revolve (around)
	верте́ться/по-		spin, whirl
3.	возвраща́ться/верну́ться	куда́? отку́да?	return
4.	гна́ться/по-	за кем/за чем?	chase after, pursue
5.	дви́гаться/дви́нуться	куда́?	move, advance
6.	ката́ться/по-;	где? в/на чём?	go for a ride; skate
7.	кати́ться/по-	куда́? по чему́?	roll
8.	кача́ться/качну́ться		rock, swing
9.	клони́ться/на-; по-		bend; bow
10.	направля́ться/напра́виться	куда́?	make one's way toward, head in the direction of
11.	остана́вливаться/ остнанови́ться	где?	stop, pause; stay at (hotels)
12.	отража́ться/отрази́ться	в/на ком/чём?	reflect
13.	переселя́ться/пересели́ться	куда́?	move; relocate
14.	поднима́ться/подня́ться	куда́?	rise, go up, ascend
15.	повыша́ться/повы́ситься		rise, go higher, advance
16.	понижа́ться/пони́зиться		go down, lower, sink
17.	приближа́ться/прибли́зиться	к кому́/к чему́?	approach, come closer
18.	спуска́ться/спусти́ться	куда́?	go/come down, descend
19.	торопи́ться/за-,по-	куда́?	rush, hurry
20.	удаля́ться/удали́ться	куда́?	move away, withdraw, retreat

Б. измене́ние состоя́ния

1.	вари́ться/с-		boil, brew (coffee)
2.	изменя́ться/измени́ться		change
3.	лома́ться/с-		break
4.	нагрева́ться/нагре́ться		warm up
5.	охлажда́ться/охлади́ться	(чем?)	be cooled by
6.	по́ртиться/ис-		spoil, go bad
7.	превраща́ться/ преврати́ться	в кого́/во что?	turn into, change into
8.	развива́ться/разви́ться	во что?	develop into
9.	улучша́ться/улу́чшиться		become better, improve
10.	ухудша́ться/уху́дшиться		become worse, deteriorate

В. вну́треннее, душе́вное состоя́ние производи́теля де́йствия

1.	беспоко́иться/за-	о ком/о чём?	be worried, uneasy about
2.	весели́ться/по-		have a good time
3.	волнова́ться/за-		be nervous
4.	восхища́ться/восхити́ться	кем/чем?	admire, be delighted
5.	интересова́ться/за-	кем/чем?	be interested in
6.	обижа́ться/оби́деться	на кого́/на что?	be offended, hurt by
7.	огорча́ться/огорчи́ться	чем?	feel let down, hurt
8.	пуга́ться/ис-	кого́/чего́?	be frightened
9.	ра́доваться/об-	кому́/чему́?	rejoice, be happy
10.	страши́ться	кого́/чего́?	be fearful
11.	серди́ться/рас-	на кого́/на что?	be/get angry at/with
12.	увлека́ться/увле́чься	кем/чем?	be carried away by, take a great interest in
13.	удивля́ться/удиви́ться	кому́/чему́?	be surprised, amazed

[The subject of this group of verbs with **-ся** must be an inanimate noun.]

1. конча́ться/ко́нчиться	чем?	end, terminate
2. начина́ться/нача́ться	с чего́? чем?	begin, start
3. прекраща́ться/прекрати́ться		cease, discontinue
4. продолжа́ться/продо́лжиться		continue, go on.

Д. 'Приступа́ть/приступи́ть' к како́й-либо рабо́те - выража́ется глаго́лами:

1. браться/взяться	за рабо́ту	start, get down to work
2. включа́ться/включи́ться	в де́ло	join in, take part in
3. принима́ться/приня́ться	за де́ло	get down to business

Упражне́ние 35. Вме́сто про́пусков впиши́те подходя́щий по смы́слу глаго́л с постфи́ксом **-ся** и́ли без него́.

А. (броса́ть, верну́ть, свари́ть, ра́довать, испо́ртить, подня́ть, взять)

1. Вот ви́лка. Попро́буй карто́шку. Она́, наве́рно, уже́ ______________.
2. Бу́дет дождь. ____________ с собо́й зо́нтик.
3. Он ____________ с кани́кул во вто́рник. Позвони́те во вто́рник ве́чером.
4. Не будь тако́й неря́хой. Не ______________ всё куда́ попа́ло.
5. Я тебе́ дам свой слова́рь, е́сли ты обеща́ешь ___________ его́ к ве́черу.
6. Лифт не рабо́тал, нам пришло́сь _____________ по ле́стнице.
7. Меня́ ____________ то, что он стал серьёзнее относи́ться к учёбе.
8. Тебе́ уже́ давно́ пора́ серьёзно ______________ за рабо́ту.

Б. (превраща́ть, улу́чшить, повы́сить, слома́ть, измени́ть, торопи́ть)

1. Если тот толстя́к ся́дет на э́ту скамейку, то он её ______________.
2. У нас ещё мно́го вре́мени. Не ______________ нас.
3. Мы не успе́ли поговори́ть с ни́ми. Они́ _______________ на конце́рт.
4. За каки́е-то де́сять лет го́род о́чень _______________ к лу́чшему.
5. За э́ти де́сять лет у́ровень жи́зни заме́тно _______________.
6. При нагрева́нии вода́ ______________ в пар.

В. (напуга́ть, испуга́ть, серди́ть, отража́ть, останови́ть, спря́тать)

1. Весь дворе́ц ______________ в о́зере, как в зе́ркале.
2. Со́лнце _____________ за ту́чи.
3. До́лжен призна́ться, что телегра́мма меня́ ______________.
4. Малы́ш уви́дел паука́, но не _____________, не запла́кал.
5. На како́й страни́це мы ______________, на 25-ой?
6. Они́ всегда́ на кого́-то обижа́ются, на кого́-то ______________.

Г. (направля́ть/напра́вить; справля́ть/спра́вить; отправля́ть/отпра́вить)

1. Они́ вы́шли из магази́на и ____________ к метро́.
2. Нам нужна́ была́ ка́рта го́рода, и нас ____________ в друго́е отделе́ние.
3. Как вы бу́дете ____________ день рожде́ния ба́бушки? (пра́здновать)
4. Ника́к не могу́ ______________ со всей рабо́той: не хвата́ет вре́мени.
5. Не зна́ю, что э́то сло́во зна́чит. На́до ____________ в словаре́.
6. За́втра обяза́тельно надо бу́дет ____________ посы́лку.
7. За́втра ребя́та _____________ в ла́герь, и ма́ма немно́го волну́ется.

Глаго́лы <u>начина́ться/нача́ться</u>, <u>продолжа́ться</u>, <u>конча́ться/ко́нчиться</u> обы́чно испо́льзуется то́лько с неодушевлёнными подлежа́щими.

(начина́ть/нача́ть)

1. _____________ чита́ть с пя́той страни́цы.
2. За у́жином у них всегда́ _____________ спо́ры о литерату́ре.
3. Мы ещё не ____________ гото́вить у́жин. Мо́жете идти́ игра́ть.
4. Когда́ мы пришли́, пье́са уже́ ____________, и нас не впусти́ли в зал.
5. Ребёнок уже́ _________ ходи́ть. Коне́чно, бо́льше па́дает, чем хо́дит.
6. Говоря́т, что он не́сколько раз ____________ занима́ться э́тим языко́м.
7. В кото́ром часу́ ____________ пе́рвый сеа́нс?
8. Он ______________ рабо́ту над статьёй на про́шлой неде́ле.
9. С э́того и _____________ его́ карье́ра. Отврати́тельный тип.

На э́том

(продолжа́ть/продо́лжить)

1. Несмотря́ на шум, он __________ чита́ть.
2. Как до́лго бу́дет ___________ распрода́жа в том магази́не?
3. Разгово́р ___________ далеко́ за по́лночь.
4. Всё де́ло с перее́здом ___________ о́коло двух ме́сяцев.
5. По́сле о́тдыха тури́сты ___________ свой путь.
6. По́сле переры́ва (они́) _____________ обсужде́ние докла́да.

(конча́ть/ко́нчить)

1. Чем же _________ ваш спор?
2. Ле́то ___________, наступи́ла о́сень.
3. Когда́ ____________ писа́ть рефера́т - отпра́зднуем!
4. Они́ ____________ выступа́ть и пое́хали домой.
5. Лы́жная тра́сса _______________ за тем поворо́том.
6. Моя́ знако́мая говори́ла: "Я ___________!" Она́ име́ла в виду, что стра́шно уста́ла, что жизнь её "подхо́дит к концу́", что она́ "умира́ет".

Упражне́ние 36. Переведи́те на ру́сский язы́к.

1. How long have these vegetables been cooking (boiling)? They must be done. (свари́ться)
2. Don't worry about me. I'll finish my paper by the end of this week.
3. How long will the sale at that store last? A whole month?
4. Can you lift Grisha's highchair with one hand? I doubt it very much.
5. As it grew darker, it became harder and harder to see the road.
6. I heard them talking about the owner of the store. Then they lowered their voices, and I couldn't hear them anymore.
7. Please see to it (позабо́титься) that everything is cleaned up after the meeting.
8. Call me as soon as you finish your assignment for Tuesday.
9. All of us rushed to the child who had fallen off his bike, but he got up by himself.
10. Several large tractors moved slowly along the dusty road. They were headed for Siberia (Сибирь).
11. Early in the morning our group set out for a camp in the mountains.
12. The editor asked me to change the ending of the story. He wanted me to finish it by the 5th of May (by May, 5).
13. Have you seen Igor'? People say that he has really changed. I haven't seen him yet.
14. The toddler (малы́ш) threw his toy soldier. It fell on the floor and broke.
15. A huge spider frightened him.

Разде́л V. Глаго́лы э́того разде́ла испо́льзуются в безли́чных предложе́ниях [impersonal constructions].

Безли́чные глаго́лы обы́чно обознача́ют состоя́ние, незави́симое от лица́, к кото́рому оно́ отно́сится.

1. Им там хорошо́ живётся.	They like it there. (Life is treating them well.)
2. Вчера́ ей не спало́сь.	Last night she had a hard time falling asleep.
3. На но́вом ме́сте пло́хо спи́тся.	It's hard to sleep well in a new place.
4. Сего́дня мне хорошо́ рабо́тается.	I'm moving right along with my work today.
5. Что́-то не чита́ется сего́дня.	I just can't keep my mind on/ the book/ my reading.
6. Ребя́там не сиде́лось до́ма.	The kids wanted to get out of the house (were itching to get out).
7. Мне хо́чется посмотре́ть э́тот фильм.	I would like to see that film. /I feel like going to that movie.

Безли́чные глаго́лы, кото́рые без -ся не испо́льзуются:
смерка́ться,
нездоро́виться и нек. др.

Разде́л VI. Глаго́лы пасси́вно-ка́чественного значе́ния подо́бны определе́нию, потому́ что выража́ют спосо́бность предме́та подверга́ться на́званному де́йствию.
[These verbs denote a permanent characteristic of the subject.]

1. Така́я посу́да бьётся.	Such dishes break easily.
2. Соба́ки куса́ются.	Dogs bite.
3. У меня́ но́гти лома́ются.	My nails are brittle.

Разде́л VII. В да́нном разде́ле рассма́триваются глаго́лы и прича́стия пасси́вной констру́кции

действи́тельный оборо́т	страда́тельный оборо́т
1. Об э́том всегда́ мно́го говори́ли.	Об э́том всегда́ мно́го говори́лось.
2. Ла́мпу продаю́т за бесце́нок.	Ла́мпа продаётся за бесце́нок.
3. Кто написа́л рома́н "Го́род"?	Кем напи́сан рома́н "Го́род"?
4. Он уже́ написа́л свой рефера́т.	Его́ рефера́т уже́ напи́сан.

Образова́ние страда́тельного оборо́та от глаго́лов несоверше́нного и соверше́нного ви́да

глаго́лы несоверше́нного ви́да	глаго́лы соверше́нного ви́да
1. карти́на продаётся is for sale; is being sold	4. карти́на (была́) про́дана is (was)/has been/ had been
2. карти́на продава́лась was for sale; was being sold	5. карти́на бу́дет про́дана will be sold
3. кни́га бу́дет продава́ться will be for sale	

Упражне́ние 37. Для глаго́лов несоверше́нного ви́да испо́льзуйте глаго́л с части́цей **-ся**, для соверше́нного ви́да испо́льзуйте кра́ткую фо́рму прича́стия страда́тельного зало́га.

Наприме́р: (**продава́ть/прода́ть**)
1. Биле́ты **продаю́тся** с трёх часо́в.
Tickets are sold from three o'clock on.
2. За три часа́ все биле́ты **бы́ли про́даны**.
In three hours all the tickets were sold.

1. (**раскрыва́ть/раскры́ть**)

1. По утра́м все о́кна э́того до́ма широко́ ______________. Дом прове́тривался.

2. Глаза́ Ми́ти бы́ли широко́ __________, рот приоткры́т - он прислу́шивался к разгово́ру ста́рших.

2. **(издава́ть/изда́ть)**

1. Где была́ __________ его́ пе́рвая кни́га?

2. Где ______________ таки́е замеча́тельные кни́ги?

3. **(выпуска́ть/вы́пустить)**

1. Этот но́мер журна́ла бу́дет ______________ с опозда́нием.

2. К пра́зднику ______________ пода́рочное изда́ние ру́сских ска́зок.

4. **(приводи́ть/привести́)**

1. В его́ статья́х всегда́ __________________ мно́го интере́сных да́нных.

2. В статье́ бы́ли ______________ да́нные, взя́тые из но́вых исто́чников.

5. **(произноси́ть/произнести́)**

1. Это сло́во бы́ло ________________ осо́бенно чётко и гро́мко.

2. Как _____________ э́то сло́во?

6. **(изуча́ть/изучи́ть)**

1. Этот вопро́с ещё нике́м не́ был ____________.

2. Таки́е вопро́сы уже́ давно́ __________________ на́шими учёными.

Упражне́ние 38. Переведи́те на англи́йский язы́к.

1. Где ста́вится ударе́ние? Каки́е зву́ки редуци́руются в сло́ве <u>хорошо́</u>?
2. Как склоня́ется э́то сло́во? Как спряга́ется э́тот глагол? Как обра́зу́ется прича́стие от э́того глаго́ла?
3. В докла́де э́то бы́ло упомя́нуто -- в докла́де упомина́лось об э́том.
4. В газе́тах э́то бы́ло отме́чено -- в газе́тах э́то отмеча́лось.
5. В его́ статье́ приво́дятся приме́ры подо́бного явле́ния. (приведены́)
6. В пе́сне поётся о геро́е-освободи́теле.
7. В пе́рвой главе́ опи́сывается стари́нный го́род. (даётся описа́ние)
8. Жизнь его́ сложи́лась так, что он не ве́рил в доброту́ люде́й.
9. В таки́х худо́жественных о́бразах раскрыва́ется его́ восприя́тие ми́ра.
10. Меня́ удивля́ет/Меня́ интересу́ет, почему́ не уделя́ется бо́льшего внима́ния воспита́нию дете́й.
11. У меня́ создало́сь впечатле́ние, что она́ мне не доверя́ет.

Упражне́ние 39. Переведи́те на ру́сский язы́к.

1. The novel deals with (speaks of) injustice and other such things.
2. The report states/ claims that singing is good for you.
3. Reports, long and boring, are usually given (read) in such seminars.
4. I have the impression that you don't care for Russian participles.
5. The schedule of classes is always prepared by our department.
6. My homework will be done (written) by next Monday.
7. How do you write this in Russian? How do you decline this noun? What preposition do you use here?
8. All dogs bite, that's a proven fact.
9. The meeting started around 2 (p.m.) and lasted until 7 p.m.
10. My watch stopped. Go stop that guy and ask him what time it is.
11. My radio broke. Should I repair it?
12. Stay for dinner, and we'll continue our conversation.
13. At what time does our library open on Sunday?
14. Has he returned from Japan? Has he returned your book to you?
15. That high-rise is cooled by some strange-looking machines.
16. Before I had no one to consult with. Now you can advise me what to do.
17. What books were ordered for the seminar on Gogol'?
18. The speech was about air pollution.
19. I just couldn't keep my mind on the book (reading).
20. This blouse washes well. In cold water, of course.
21. Nowadays such houses are built very quickly. This one, however, was built differently, better.
22. What is his name? What's the name of this street?

Слова́рь

Aspectual pairs for '**-ся**' verbs are already given in Part II.
Aspectual pairs for Part I verbs are given in the Glossary pp.12-15

A

(be) able	мочь	8
accept	приня́ть	5
accuse	вини́ть	3
acquire	приобрести́	8
admire	любова́ться	43
advise	сове́товать	6
(be) afraid	боя́ться	2,43,47
agree on	усло́виться	43,47
amass	копи́ть	3
(be) amazed, surprised	удивля́ться	49
appear	появля́ться	43
appear to be	каза́ться	43
approach, come closer	приближа́ться	49
argue	спо́рить	47
arise, spring up	возни́кнуть	7
arrive, show up	явля́ться	43
attain	дости́гнуть	7
attract	увле́чь	8
ask (request)	проси́ть	3
ask question	задава́ть	6
aspire	среми́ться	43
assign	задава́ть	6

B

bake	печь	8
bang, knock	стуча́ть	4
bark	ла́ять	5
bathe (intr.)	купаться	44
(to) be	быть	10
(to) be (linking verb)	явля́ться	43
beat, strike	бить	7
become	стать	5
become	станови́ться	43
begin	нача́ть	5
	нача́ться	50
bend, bow	наклони́тся	49
blame	вини́ть	3
(become) blind	сле́пнуть	7
block, obstruct	прегради́ть	3
bloom	цвести́	8
blow	дуть	8
boil, brew	вари́ть/-ся	49
bother, hinder	мешать	4
break (intr.)	лома́ться	49
breathe	дыша́ть	2
build	стро́ить	3
burn (intr.)	горе́ть	2
burn (tr.)	жечь	8
burst	ло́пнуть	8
buy	купи́ть	3

C

call	звать	5
calm down(tr.)	уня́ть	5
caress	ласка́ть	4
carry (in hand)	нести́	9
(be) carried away by	увле́чься	49
catch	лови́ть	3
cease (quit)	переста́ть	6
cease (discontinue)	прекраща́ться	49 50
change (интр.)	изменя́ться	49
chase away	гнать	2
chase, pursue	гна́ться	49
chat	бесе́довать	47
cheat, swindle	обману́ть	8
chew	жева́ть	6
clean, polish	чи́стить	3
climb, crawl	лезть	9
(grow) cold	стыть	9
comb (hair)	причёсываться	44
complain	жа́ловаться	6,43
compete	соревнова́ться	43,47
comprehend	поня́ть	5
conceal	таи́ть	3
concern; touch	каса́ться	43
conduct	вести́	8
consult	сове́товаться	47
converse	разгова́ривать	47
continue	продолжа́ться	50
(be) cooled	охлажда́ться	49
cover	крыть	9
crawl	ползти́	9
create	создава́ть	6
crowd, cluster	толпи́ться	43
cry	пла́кать	4
curse	руга́ться	46
curse yourself	руга́ть себя	45
cut out (dress)	крои́ть	3

D

dance	танцева́ть	5
(become) deaf	гло́хнуть	7
decay	гнить	7
defend (intr.)	защища́ться	44
depend on	зави́сеть	3
depict	изобрази́ть	3
descend	спуска́ться	49
deteriorate	ухудша́ться	49
develop (intr.)	развива́ться	49
die	умере́ть	6
die (animals)	издо́хнуть	7
dig (burrow)	рыть	9
dig (out, up)	копа́ть	4
(go) down, lower	понижа́ться	49
doze	дрема́ть	4
dress oneself	одева́ться	44
drink	пить	7
(give) drink	пои́ть	3
(become) dry	со́хнуть	7

E

eat	есть	10
embrace	обня́ть	5
emerge (show up)	появля́ться	43
end, terminate	конча́ться	50
encounter,meet	встре́тить	3
endure	терпе́ть	2
enjoy	наслажда́ться	43
entertain	заня́ть	5
erase	стере́ть	6
escort, see off	провожа́ть	4
excite	возбужда́ть	3
extinguish (intr.)	га́снуть	7

F

fall asleep	засну́ть	7
fall down	упа́сть	9
fall in love	влюбля́ться	43
fear	боя́ться	2
(be) fearful	страши́ться	49
feed	корми́ть	3
feel	чу́вствовать	6,45
feel let down, hurt	огорча́ться	49
feel sorry for yourself	жале́ть себя́	45
feel unwell	нездоро́виться	43
fight (fist)	драться	5
fight (struggle)	боро́ться	43
find out	узнава́ть	6
finish saying	договори́ть	46
flow	течь	8
fluctuate	колеба́ться	
fly	лете́ть	2
forbid	запрети́ть	3
force yourself	заста́вить себя́	45
freeze (intr.)	мёрзнуть	7
(be)frightened	пуга́ться	49

G

give (imper.)	дава́ть	6
give (perf.)	дать	10
glitter, shine	блесте́ть	2
glue	кле́ить	3
gnaw	грызть	9
go (ride)	е́хать	10
go (walk)	идти́	8
good time (have a)	весели́ться	49
greet	здоро́ваться	4,43
grieve	скорбе́ть	2
grow (intr.)	расти́	10
grumble, nag	ворча́ть	2
guess	угада́ть	4

H

hang (intr.)	висе́ть	2
hang (tr.)	пове́сить	
happen to	случа́ться	43
(be) happy, rejoice	ра́доваться	49
hear	слы́шать	2
hide(tr.)	пря́тать	4
hide (intr.)	пря́таться	44
hide (emotion)	таи́ть	3
hinder, bother	меша́ть	4
hire	наня́ть	5
hold	держа́ть	2
hop	скака́ть	4
hope	наде́яться	5,43
howl	выть	9
hurry (intr.)	торопи́ться	49

I

illuminate	освети́ть	3
improve	улучша́ться	49
intercede	заступа́ться	43
(be) interested in	интересова́ться	49
introduce	знако́мить	3
invent	изобрести́	8

J

jerk	дёрнуть	7
join in	включи́ться	50

K

kiss	целова́ться	6,46
knit	вяза́ть	4
knock	стуча́ть	2
know how	уме́ть	6
know yourself	знать себя́	45

L

laugh	смея́ться	5,43
lay ,put	класть	9
lead, conduct	вести́	8
let go	отпусти́ть	3
liberate	освободи́ть	3
lie	лгать	5
lie/fib	врать	5
lie down	лечь	8
	ложи́ться	43
lift,raise	подня́ть	5
like, enjoy	нра́виться	43
live	жить	9
look	смотре́ть	2
love	люби́ть	3
lock	запере́ть	6
(be) lying	лежа́ть	2

M

meet	встреча́ть(ся)	4,46
mill (grain)	моло́ть	8
milk	дои́ть	3
(be) mistaken	ошиби́ться	7,43
move (tr.)	дви́гать	4
move (intr.)	дви́гаться	49
move, relocate	переселя́ться	49
move, withdraw	удаля́ться	49

N

(make) noise	шуме́ть	2
(be) nervous	волнова́ться	49

O

occupy	заня́ть	5
offend, hurt	оби́деть	2
(be) offended	обижа́ться	49
order, command	веле́ть	2

P

part with	расстава́ться	43
pay	плати́ть	3
perish	ги́бнуть	7
plunge,throw oneself	броса́ться	49
polish, peel	чи́стить	3
pound, crush	оло́чь	8
pour (liquid)	лить	7
powder oneself	пу́дриться	44
prick, chop	коло́ть	8
(be) proud of	горди́ться	43
pull out	вы́нуть	7
purr	мурлы́кать	4
put (on)	-деть (оде́ть)	5,6

R

reconcile	мири́ться	46
recognize	узнава́ть	6
reflect	отража́ться	49
rejoice	ра́доваться	49
release	отпусти́ть	3
remain, stay	остава́ться	43
rent, hire	наня́ть	5
repent	ка́яться	43
reproach self	упрека́ть себя́	45
(be) reputed	слыть	9
resist	сопротивля́ться	43
respect self	уважа́ть себя́	45
retreat	удаля́ться	49
return (tr.)	верну́ть	7
return (intr.)	возвраща́ться	49
rest	отдохну́ть	8
(be) resurrected	воскре́снуть	7
revolve	враща́ться	49
rewrite	переписа́ть	46
ride	е́здить	3
ride	е́хать	10
rip open	поро́ть	8
rise, go up	поднима́ться	49
rise, go higher	повыша́ться	49
rock, swing	кача́ться	49
roll	кати́ться	49
rot, decay	гнить	7
row	грести́	7
rule (paper)	графи́ть	3
rush	мча́ться	2
rush	торопи́ться	49

S

save, rescue	спасти́	9
say	сказа́ть	4
scare	пуга́ть	4
scold self	руга́ть себя́	45
scratch	чеса́ть	4
search	иска́ть	4
see self	ви́деть себя́	45
sell	продава́ть	6
send	посла́ть	4
set up, create	создава́ть	6
sew	шить	7
shake (intr.)	дрожа́ть	2
shake (tr.)	трясти́	9
shave (tr.)	брить	7
(intr.)	бриться	44
shear, cut	стричь	8
shine, glitter	блесте́ть	2
shout	крича́ть	2
show white	беле́ть	6
(be) silent	молча́ть	2
sit down	сесть	9
(be) sitting	сиде́ть	2
(grow) silent	умо́лкнуть	7
skate; go for a ride	ката́ться	49
sleep	спать	2
slice off	отре́зать	4
smile	улыбну́ться	8,43
smoke	кури́ть	3
sneeze	чиха́ть	4
sound	звуча́ть	2
speak until	договори́ться	46
spin, whirl	верте́ться	49
spend the night	ночева́ть	6
spit	плева́ть	6
spoil, go bad	по́ртиться	49
spread cloth	стлать	5
spread, rub	ма́зать	4
stand	стоя́ть	2
start (intr.)	начина́ться	45
steal	красть	9
strike, beat	бить	7
strive, aspire	стреми́ться	43
stop (intr.)	остана́вливаться	49
(become) stronger	кре́пнуть	7
struggle	боро́ться	8,43
squeeze	жать	5
(be) surprised	удивля́ться	49
sweep	мести́	8
swim	плыть	9

T

take	брать/взять	5
take, accept	приня́ть	5
take down	снять	5
take by vehicle	везти́	9
take shoes off	разу́ться	44
talk	разгова́ривать	47
teach	преподава́ть	6
tear	рвать	5
throw	броса́ть	4
transport	вози́ть	3
turn into	превраща́ться	49
twirl	верте́ть	2

U

undress (intr.)	разде́ться	44
(feel) unwell	нездоро́виться	43

V

visit	навеща́ть	4
vanish	исче́знуть	7

W

wage war	воева́ть	6
wait	ждать	5
wake (tr.)	буди́ть	3
wake up(intr.)	просыпа́ться	43
walk	ходи́ть	3
want, desire	хоте́ть	10
warm up (tr.)	греть	6
warm up (intr.)	нагрева́ться	49
wash self	купа́ться	44
wave	маха́ть	4
weave	вить	7
(get) wet	мо́кнуть	7
wipe self dry	вытира́ться	44
whisper	шепта́ть	4
whistle	свисте́ть	2
work	рабо́тать	4
work, toil	труди́ться	43
(be) worried	беспоко́иться	49
(become) worse	ухудша́ться	49
wrestle	боро́ться	43
write	писа́ть	4

Y

yell	крича́ть	2